Pierre Funke

MMORPG's – Sucht oder Hobby?

Eine Einführung für Außenstehende, Angehörige und Freunde

Verlag BoD

Dieses Buch ist meiner Großmutter Genovefa Mahlberg gewidmet.

Die Deutsche Nationalbibliothek verzeichnet diese Publikation in der Deutschen Nationalbibliografie; detaillierte bibliografische Daten sind im Internet über dnb.d-nb.de abrufbar.

2. Auflage 2010

ISBN-Nr.: 3-8423-2838-9

Herstellung und Verlag: Books on Demand GmbH, Norderstedt
Printed in Germany

Inhaltsverzeichnis

1 Vorwort

Ich beschäftige mich seit einigen Jahren mit Massively Multiplayer Online Roleplaying Games (MMORPG's) und habe diese selbst gespielt. Beispielhaft sei an dieser Stelle das Spiel „World of Warcraft“ genannt, welches zwar nicht mein erstes Spiel dieser Art war, mich aber nachweislich abhängig gemacht hat. Das ist eine Eigenschaft, die ich bis dato Computerspielen allgemein abgesprochen hatte.

Im Gegensatz zu vielen publizierten Artikeln und Büchern, möchte ich mit diesem Buch jedoch nicht das typische Anprangern von Computerspielern betreiben. Mir geht es eher um den Versuch, Außenstehenden und Familienmitgliedern die Denkweisen und Mechanismen zu erläutern, die in den Spielern, in den Programmierern und in den Spielen selbst anzutreffen sind.

Ausdrücklich klarstellen möchte ich, dass ich nicht den Anspruch auf eine wie auch immer geartete wissenschaftliche Beweisführung erhebe, sondern dass ich dieses Buch aufgrund meiner eigenen, subjektiven Erfahrungen schreibe. Ich denke, dass diese Betrachtungs- und Herangehensweise für viele Menschen eingängiger und nachvollziehbarer sein kann, als irgendeine sogenannte akademische Studie.

Ein paar Worte zu meiner Person und meinem „Werdegang“ im Bereich der Computerspiele:

Ich hatte bereits im zarten Alter von sieben sehr intensiven Kontakt zu Computern. Angefangen mit Rechnern wie dem ZX-81, dem ich damals nicht viel abgewinnen konnte (es liefen ja nicht wirklich Spiele da drauf) über den IBM 8032, VIC-20, C-64, Amiga, IBM-PC und so weiter bis hin zu den heute üblichen PCs. Ein paar Erfahrungen habe ich auch mit Konsolen gesammelt. Jedoch haben mich diese nie sonderlich interessiert, da mir die Art der dort hauptsächlich existierenden Spiele einfach nicht zugesagt hat. Nach einer solchen „Laufbahn“ lag es für mich nahe, auch beruflich in die entsprechende Richtung zu gehen, zwar nicht als Spieleprogrammierer, aber als Netzwerkadministrator.

Lange Rede, kurzer Sinn: Ich habe schon lange mit Computern und auch mit den damit verbundenen Spielen zu tun. Obwohl ich mich selbst nicht als sogenannten „Hardcore-Zocker“ bezeichne, glaube ich doch, ein umfangreiches Wissen zum Thema Spiele zu haben - teils auf Basis eigener Erfahrung, teils durch Erfahrungen von Freunden und Bekannten.

Da ich im Zuge meiner Abhängigkeit von World of Warcraft mitbekommen habe, welchen massiven Einfluss dies auf mein reales Leben hat – wenn auch leider zu spät – ist mir die Gliederung dieses Buches nicht leicht gefallen. Letztlich habe ich mich dazu entschlossen, eine Mischung aus Referenz und Erfahrungsbericht zu schreiben.

Beginnen werde ich mit jeweils einem Kapitel zu einigen ausgewählten, mir persönlich bekannten Online-Spielen - also »Games«, die ich schon aktiv gespielt habe, inklusive Hinweisen auf potenzielle Gefahren und Spielmechanismen die Abhängigkeiten fördern.

Ich hoffe, dem ein oder anderen mit diesem Buch helfen zu können. Entweder, sich selbst oder andere, die sich in dieser Abhängigkeit befinden, besser zu verstehen und vielleicht sogar, einen Weg herauszufinden.

2 Online-Spiele (MMORPG's)

Online Spiele sind im Gegensatz zu anderen Computerspielen Spiele, die man über das Internet mit anderen Personen zusammen spielt. Dies bedeutet, dass andere Spieler die Handlungen meiner eigenen Spielfigur im Spiel sehen können, dass sie auf diese Aktionen reagieren können, und dass ich auch zu den verschiedenen Spielern soziale Kontakte aufbauen kann und mit ihnen kommunizieren kann.

Die meisten kommerziell vertriebenen Onlinespiele verlangen neben dem Anschaffungspreis, der einmalig zu entrichten ist, eine monatliche Gebühr, die dazu verwendet wird die Unterhaltskosten für den Betrieb des Spiels zu decken. Es gibt mittlerweile alternative Geschäftsmodelle und sogar kostenlose Onlinespiele. Diese »Games« zum Nulltarif sind meist von der Qualität her nicht so anspruchsvoll und hochwertig wie die gebührenpflichtigen Spiele. Die monatlichen Preise für die kostenpflichtigen Spiele bewegen sich zwischen 10 € und 20 €.

Die große Suchtgefahr von Online-Spielen liegt darin begründet, dass man durch die in jedem Spiel integrierten Kommunikationsmöglichkeiten die Möglichkeit hat, soziale Kontakte aufzubauen und zu pflegen. Je intensiver man das Spiel spielt, umso wichtiger werden die in diesem Spiel aufgebauten sozialen Kontakte. Da man in Spielen die Möglichkeit hat, in die Rolle eines vollkommen anderen Charakters zu schlüpfen, ist es eine willkommene Möglichkeit, die eigenen Unzulänglichkeiten aus dem realen Leben auszublenden und ein idealisiertes und heldenhaftes Alter Ego[1] zu generieren. Die Faszination hierbei ist, dass selbst ein noch so biederer Buchhalter in der Lage ist, zum Beispiel einen mächtigen Magier zu spielen. Ich hoffe, die Buchhalter unter den Lesern werden mir dieses Beispiel verzeihen. Der Erfolg im Spiel wird oft als Kompensation für das Versagen oder für Fehler im realen Leben benutzt.

Onlinespiele gibt es in den unterschiedlichsten Genres, wobei das populärste und am häufigsten vertretene Genre momentan Fantasy ist. Da-

---

[1] *Lat.: »Anderes Ich«*

neben gibt es noch ein paar Science-Fiction Spiele, wie das später hier vorgestellte „Eve Online", dann wird es aber auch schon dünn mit der Abwechslung. Nicht unterschlagen möchte ich hier allerdings zwei meiner Meinung nach hervorragende Spiele der Firma NCsoft, nämlich „City of Heroes" und „City of Villains". Diese beiden heben sich allein schon durch das Nischengenre ab, in dem sie spielen: Superhelden, wie sie aus Comics und diversen Filmen bekannt sind. Vor kurzem ist ein weiteres Spiel dazu gekommen, welches ich auch nicht unter den Tisch fallen lassen möchte »Champions online«. Es kann durchaus erfrischend sein, nach fünf Jahren Fantasy einmal etwas komplett anderes zu spielen und da ich in meiner Jugend immer gerne Comics gelesen habe, hat mich die Idee dieser drei Spiele sofort begeistert. Näheres dazu können Sie im entsprechenden Abschnitt von »City of Heroes« / »City of Villains« nachlesen, die die Vorläufer des oben genannten »Champions online« sind. Ich habe bewusst auf eine Vorstellung von »Champions online« verzichtet, da ich es nur sehr kurz gespielt habe. Ich habe also nur sehr wenig vom Inhalt gesehen und möchte mir daher kein Urteil erlauben.

3 Sucht oder nicht Sucht?

Sie werden sich sicherlich zum jetzigen Zeitpunkt erst einmal mehr dafür interessieren, wie Sie denn die Sucht bei sich oder anderen Menschen überhaupt erkennen, was sie gegebenenfalls dagegen tun können und auch, wann es besser ist, nichts zu tun – so schwer das in manchen Situationen sicherlich fallen wird.

Alle der eben genannten Punkte sind nicht einfach zu beschreiben und noch schwerer selbst durchzuführen. Am schwierigsten ist es, solche Süchte sich selbst einzugestehen. Aber fangen wir vorne an und versuchen, nicht den zweiten Schritt vor dem Ersten zu tun.

3.1 Die Sucht erkennen

Die Sucht bei sich selbst zu erkennen ist deshalb schwieriger, als bei anderen, weil der Part des „Sich-Eingestehens“ hier auch noch auf den eigenen Schultern liegt. Da jeder Mensch anders mit Süchten umgeht, ist es schwer für mich, hier allgemeine Ratschläge zu erteilen. Grundsätzlich ist es jedoch so, dass, wie bei anderen Süchten, wie beispielsweise Alkoholsucht, sich das soziale Verhalten in der realen Welt zeitweise oder auch dauerhaft radikal ändert. Prioritäten werden umverteilt („Ich muss um 15 Uhr im Spiel sein, also kann ich erst morgen einkaufen gehen“) und viele andere Dinge, zum Beispiel auch der Partner – müssen zurücktreten. Wenn also jemand seinen persönlichen Fokus auf ein Spiel legt und alles andere stetig an Wichtigkeit abnimmt – dazu gehört auch Schlafen und Essen – sollte man in Betracht ziehen, dass dieser Mensch süchtig ist. Selbstverständlich kann es nicht schaden, hierzu professionelle Hilfe in Anspruch zu nehmen, nachdem man die oben beschriebenen Anzeichen meint, erkannt zu haben. Gerade hier sollten Sie sich eher einmal zu viel Rat einholen als einmal zu wenig.

3.2 Sucht erkannt und was nun?

Sie glauben, bei sich selbst oder jemand Anderen eine Spielsucht erkannt zu haben? Herzlichen Glückwunsch – und das ist ernst gemeint!

Selbst wenn Sie falsch liegen, haben Sie sich doch richtig verhalten, weil Sie selbst, oder der andere Mensch, Ihnen so wichtig ist, dass Sie lieber auf Nummer sicher gehen wollen, denn: Wenn Sie richtig liegen, liegt ein gewaltiges Stück Arbeit vor Ihnen, aber Sie werden sich hinterher auf die Schulter klopfen, weil Sie – hoffentlich – erfolgreich eine Sucht bekämpft haben und entweder Ihr Leben oder das des Menschen, um den es geht, wieder ein Stück lebenswerter gemacht haben.
Wie die Überschrift schon sagt, werden Sie sich sicherlich fragen: Alles ganz gut, aber was kann ich nun tun? Das mit Abstand Wichtigste überhaupt ist, dass sich der Süchtige seiner Sucht und den negativen Einflüssen der Sucht auf sein Leben bewusst wird. Es nutzt also nichts, wenn Sie nun beispielsweise Ihren Sohnemann übers Knie legen und ihm sagen er solle das sein lassen – im Gegenteil, dieses Verhalten würde genau das Entgegengesetzte von dem bewirken, was Sie erreichen wollen. Er wird umso intensiver spielen und dies aus unterschiedlichen Gründen, die ich in Kürze am Beispiel dieses imaginären „Sohnes" darlegen möchte, damit Sie den Mechanismus dieser Süchte wirklich verstehen, denn nur so können Sie sie wirkungsvoll bekämpfen.

1. Die verbotene Frucht ist immer die Leckerste – altbekannt, aber durchaus wahr in diesem Fall
2. Ihr Widerstand gegen seinen Versuch des „sozialen Ausstiegs" interpretiert er als Bestätigung und sogar Bekräftigung seines Verhaltens
3. Er gewinnt den Eindruck, dass Sie seinen Versuch, seine realen Probleme zu kompensieren nicht ernst nehmen
4. Ihre Autorität kann als Willkür interpretiert werden, da Ihr Sohn weiß, dass Sie mit dem Thema Onlinespiele nicht vertraut sind und einfach das Unbekannte ablehnen.

Wenn Sie sich diese vier Punkte verinnerlichen, müssten Sie eigentlich schon sehen, was von Ihrer Seite aus zu tun ist, um der Sucht Ihres gedachten „Sohnes“ wirklich begegnen zu können, ohne damit das Gegenteil von dem zu erreichen, was Sie wollen.

Wir lernen also Folgendes: Verbote bringen rein gar nichts, beschäftigen Sie sich mit der von ihm gewählten Umgebung, zeigen Sie ihm, dass Sie Interesse daran haben, wie und womit er seine Freizeit verbringt. Lassen Sie sich das Spiel erklären, aber fragen Sie vorher, wann er Zeit dafür hat. Vereinbaren Sie einen Zeitpunkt, wenn er einverstanden ist, und seien Sie versichert: Wenn er nicht gerade im „Online-Stress“ ist (ja, so was gibt es, hierzu später mehr), wird er Ihnen gerne eine Einführung geben. Wenn Sie dann später (ich meine damit nicht eine Stunde später, sondern nach einigen Tagen oder Wochen) fragen, ob er nicht nochmal etwas Zeit hätte Ihnen dies oder jenes zu erklären und er dem zustimmt, haben Sie den ersten Schritt getan – er fühlt sich ihrerseits nicht mehr ausgegrenzt, und dabei spielt es keine Rolle, ob Sie das wirklich getan haben oder er sich selbst dazu entschieden hat. Zusammengefasst lässt sich also sagen, dass, je mehr Sie sich mit dem auseinandersetzen, was ihr Sohn tut, umso mehr Akzeptanz werden Sie auf seiner Seite erhalten. Diese Akzeptanz versetzt Sie letztlich in die Lage, ihn langsam aber sicher von seiner Sucht zu entfernen, sobald er sie selbst erkannt hat.

4 Eve Online

4.1 Überblick

Eve Online ist ein von der isländischen Firma CCP entwickeltes MMO, angesiedelt im Science-Fiction-Genre. Dies ist eine erfrischende Abwechslung zu dem sonst zu gefühlten 90% vertretenen Fantasy-Genre.
Wie die meisten anderen MMO's befindet sich der Spieler beim Spielen von Eve in einer persistenten Welt, das heißt, auch wenn der Spieler nicht spielt, existiert die Welt weiter und verändert sich (z.B. durch Handlungen anderer Spieler). Eine Besonderheit von Eve ist, dass sämtliche Spieler auf einem einzigen großen Server-Cluster spielen, das bedeutet, alle vorhandenen Spieler agieren in einer großen virtuellen Welt. Dies ist bei vielen anderen MMO's anders, da hier die „Last" der vielen Tausend Spieler auf mehrere, unabhängig voneinander existierende Server / Welten verteilt wird. Das bedeutet, dass zum Beispiel Spieler A in Spielwelt A sich an derselben Stelle im Spiel befinden kann wie Spieler B in Spielwelt B, sich die beiden aber weder sehen noch interagieren können.

Abb. 1 Eve Online Logo

Eve wird von vielen Spielern scherzhaft, entweder als „Wirtschaftssimulation mit Chat-Funktion" oder sogar als „Chat mit schickem Bildschirmschoner" bezeichnet, jedoch ist Eve weitaus mehr und besitzt, wie ich im entsprechenden Abschnitt erläutern werde, durchaus das Potential Abhängigkeiten zu erzeugen.
Veröffentlichung des Spiels war im Jahr 2004. Seitdem sind zahlreiche Erweiterungen herausgekommen, die ausnahmslos kostenlos den Spielern zur Verfügung gestellt wurden. Das ist etwas Besonderes im Bereich der MMO's und mir ist lediglich ein anderer Hersteller/Publisher bekannt, der dies genauso handhabt. Bei den meisten anderen Spielen sind umfangreiche Erweiterungen mit zusätzlichen einmaligen oder regelmäßigen Kosten verbunden.

4.2 Präsentation des Spielers und Kommunikation

Der Spieler wird im Spiel mittels seines Raumschiffs repräsentiert, welches er nach aktuellem Stand nicht verlassen kann. Ein Begehen von z.B. Stationen und die Interaktion mit anderen Spielern mittels menschenähnlichen Avataren[2] sind hier also nicht gegeben. Der Hersteller des Spiels hatte zwar bereits vor einigen Jahren angekündigt, dass eine solche Funktion integriert werden soll, dies ist bis heute aber nicht umgesetzt worden, vermutlich aufgrund mangelnden Interesses der Spielerschaft oder einer niedrigen Priorität bei CCP. Stattdessen wird ausschließlich über die in das Spiel integrierten textbasierten Mechanismen kommuniziert. Diese umfassen einen Chat, ein Mail-System und die Möglichkeit mittels des Chatsystems private Unterhaltungen mit anderen Spielern zu führen, sofern diese zustimmen. Vor allem der Aspekt der Kommunikation und der Art, wie diese nur suboptimal umgesetzt wurde, sind Ursache dafür, dass man sich als neuer Spieler in Eve sehr verloren und einsam vorkommt. Als Beispiel sei hier das Fehlen eines globalen Chatkanals genannt. Die Chats sind systemgebunden, das heißt fliegt man von einem System ins nächste kann man sich mit den Spielern im vorherigen System nicht mehr unterhalten. Es sei denn man würde alle mit denen man sprechen möchte in einen privaten Chatraum einladen. Dies ist jedoch in der Praxis nicht umsetzbar, da viel zu umständlich.

Abb. 2 Die Grafik in Eve Online ist sensationell

Vor einiger Zeit hat CCP versucht ein Sprachkommunikationssystem in das Spiel zu integrieren, dieser Versuch ist jedoch recht kläglich gescheitert, da einerseits dieses System nach einer Einführungsphase kosten-

---

[2] *Spielfigur des Spielers*

pflichtig sein sollte und da die Spieler, die per Sprache kommunizieren wollen, schon längst andere Strukturen hierfür nutzen (Teamspeak, Ventrillo, Shockvoice, Skype etc.)
Zusammenfassend lässt sich zum Punkt „Kommunikation" also sagen, dass man von sich aus schon über genügend Initiative verfügen sollte, um Kontakte aufzubauen, wenn man das denn möchte, da die Wahrscheinlichkeit „ins Blaue" von jemandem angesprochen zu werden gegen Null tendiert.
Wie jedes MMO kann man natürlich auch Eve Online alleine spielen. Das volle Potential und den Spaß entfalten jedoch alle diese Spiele erst, wenn man mit gemeinsam mit anderen spielt. Eve ist leider hier ein ziemlich extremer Vertreter, da es allein nach einer gewissen Zeit einfach keinen Spaß mehr macht, es sei denn, man sitzt gern in seinem Kämmerchen und jongliert mit Zahlen.
Das Raumschiff, welches den Spieler darstellt, lässt sich mit investierter Zeit, steigender Erfahrung, Skills[3] und virtuellem Vermögen austauschen, aufrüsten, verbessern etc. und man kann theoretisch beliebig viele Schiffe besitzen, jedoch immer nur eins gleichzeitig fliegen.

4.3 Aufstieg und Verbesserung des Charakters

Abb. 3 Flottenaktionen sind eher die Regel als die Ausnahme

Das Erlernen von Fähigkeiten läuft in Eve in Echtzeit ab (also gänzlich anders als bei allen anderen Spielen). Vorteilhaft ist hierbei aber, dass die Skills auch weiter gelernt werden, wenn man nicht im Spiel online ist. Der Charakter gewinnt mit jedem erlernten oder verbesserten Skill sogenannte Skillpunkte hinzu, die als grober Anhaltspunkt dienen können, um zu sehen wie alt und fähig ein Charakter schon ist. In der Theorie kann man alles lernen. Dies macht

[3]*Fähigkeiten des virtuellen Charakters*

aber wenig Sinn aufgrund der Unmengen Zeit, die man hierfür verbrauchen würde. Man sollte sich also schon zu Beginn überlegen, welche grobe Karriere-Richtung man einschlagen möchte.
Hierzu benötigt man verschiedenste Skills, die man sich in Form eines Buchs in der virtuellen Universität kaufen muss. Um zum Beispiel einen Kreuzer fliegen zu können, muss man erst den untergeordneten Skill (in diesem Fall „Fregatte") auf eine gewisse Stufe trainieren, um erst einmal die Voraussetzungen für das Erlernen des Kreuzerskills zu schaffen. Dann muss der Skill gekauft und gelernt werden. Gerade das virtuelle Geld ist anfangs aber sehr knapp. Das hat zur Folge, dass man sich zwar keineswegs festlegt, in dem man einen Skill lernt, aber möglicherweise verbrät man einfach eine Menge Zeit, in welcher man lieber etwas anderes gelernt hätte. Die Zeiten zum Erlernen von Skills bewegen sich zwischen wenigen Minuten bis zu mehreren Tagen und Wochen.
Daher ist es nicht selten der Fall, dass erfahrene Spieler nicht mit ihrem zuerst erstellten Charakter spielen, sondern diesen lediglich noch als „Fehlergrab" sehen. Andere versuchen mit steigender Erfahrung, ihre nach Erstellung des Charakters begangenen Fehlentscheidungen sozusagen unter „Erfahrungswerte" abzuhaken, nutzen den Charakter aber trotzdem weiter. Speziell Rollenspieler, die in ihrem Avatar ihr Alter Ego wahrnehmen, sehen es als „unrealistisch" an, einfach nach Lust und Laune von vorne anfangen zu können.

4.4 Grundlagen des Spiels / Aktivitätsmöglichkeiten für den Spieler

Eve legt seinen klaren Fokus auf den Bereich des PvP[4], also des Kampfes Spieler gegen Spieler. Es gibt wie üblich auch ein gewisses Maß an PvE[5]-Inhalt, dieser ist aber – obwohl schon mehrfach von CCP ausgebaut – aber immer noch das „Stiefkind" in Eve Online. CCP gibt sich große Mühe gibt, diesen Bereich in Eve auszubauen, jedoch ist das aufgrund der Struktur des Spiels wesentlich schwieriger als in anderen Online-Spielen.

---

[4] *PvP = Player versus Player = Spieler gegen Spieler*

[5] *PvE = Player versus Environment = Spieler gegen Umgebung, der Kampf des Spielers gegen computergesteuerte Gegner*

Die meisten aktiven und ehemaligen Spieler von Eve heben die Möglichkeiten sich für zahlreiche Aktivitäten frei entscheiden zu können als positivstes Merkmal hervor. Dies ist vom Grunde her zwar richtig und kein anderes MMO ist hier so „spendabel" mit Möglichkeiten, jedoch ist diese Vielfalt auch gerade einer meiner Hauptkritikpunkte an Eve. Zur Erklärung: Beispielsweise kann ich mich anfangs entscheiden eine kriminelle Laufbahn einzuschlagen und Pirat zu werden, mit allem was dazu gehört, also Schiffe überfallen, Waren stehlen usw. Das Problem sind, wie oben schon erwähnt, das virtuelle Geld und die Zeit die draufgeht, wenn man sich später umentscheidet. Das bedeutet, dass, sobald ich mich später um entscheide und zum Beispiel lieber ein seriöser Händler werden möchte, einen Großteil der Zeit, die ich investiert habe, um Pirat zu werden, verloren ist.
Einige der typischen Möglichkeiten in Eve Online, die Zeit zu verbringen, besteht darin, sich entweder als so genannter Miner mit dem Abbau von Erzen aus Asteroiden zu beschäftigen, den Kampf gegen andere Spieler zu suchen, oder Handel zu treiben.
Der Abbau von Erzen ist eine recht stupide, aber zumindest sichere Tätigkeit. Man riskiert in der Regel nicht den Verlust des eigenen Schiffes. Die Verdienstmöglichkeiten sind jedoch speziell am Anfang sehr begrenzt. Man fliegt hierzu in ein Asteroidenfeld visiert einen Asteroiden an, schaltet seinen Mining Laser an, und wartet einige Minuten, bis das durch den Laser geförderte Erz im Frachtraum des eigenen Schiffes landet. Da bei den Anfängerschiffen der Laderaum sehr begrenzt ist, muss man nach kurzer Zeit wieder zur Station zurückfliegen, um seinen Laderaum zu entladen. Dann fliegt man wieder ins Asteroidenfeld und der Vorgang beginnt von neuem. Im späteren Verlauf des Spiels kann man natürlich auch Schiffe erhalten, die einen größeren Laderaum haben und einem somit erlauben, länger im Asteroidengürtel zu verbleiben, mehr Erz abzubauen und somit weniger Zeit zu verbrauchen, zur Station und zurückzufliegen. Das so abgebaute Erz kann dann in der Station veredelt und verkauft werden. Der dafür erzielte Preis ist abhängig von Angebot und Nachfrage anderer Spieler.

Der Handel in Eve ist einer der komplexesten, die ich je in einem Spiel erlebt habe. Der komplette Markt wird fast ausschließlich von Spielern bedient, so das Angebot und Nachfrage funktionieren wie in einem realen Markt. Lediglich absolut essentielle Items[6] werden vom Computer angeboten, um zu verhindern, dass Anfänger Opfer von Preistreibern werden. So sind zum Beispiel auch Marktmanipulationen möglich, das Festlegen eigener Preise sowie die Suche nach günstigeren Preisen für das gewünschte Produkt in anderen Systemen. Ein möglicher Bestandteil des Handelns ist das Produzieren eigener Waren. Hierbei greifen die Tätigkeiten des Erzabbaus und des Handelns ineinander über, da man zur Herstellung eigener Waren Erz benötigt und zum Verkauf derselben Handel betreiben muss. Dies ist jedoch nicht zwingend so, da man auch sämtliche benötigten Materialien auf dem Markt kaufen kann, allerdings reduziert das natürlich die Gewinnspanne. Das Vorgehen spart aber die Zeit ein die man ansonsten benötigen würde, um die entsprechenden Erze selbst abzubauen.

Der Kampf gegen andere Spieler ist eine Tätigkeit, die selbst vom Hersteller des Spiels in den Fokus geschoben wird. Es ist möglich, Kämpfe gegen andere Spieler auf eigene Faust zu bestreiten. Das PVP ist mit einer Gruppe gleich gesinnter Mitstreiter wesentlich interessanter und Erfolg versprechender. Der größte Nachteil, den ich im PVP erlebt habe, ist, dass es unglaublich viel Zeit bedarf, einen größeren Kampf zu organisieren. Für einen größeren Flottenkampf können durchaus mehrere Stunden an Vorbereitung, Planung und dem Zusammentreffen der Spieler vergehen.

Alle diese Möglichkeiten zielen darauf ab, virtuelles Vermögen aufzubauen, um sich das nächstgrößere Schiff, neue Ausrüstung oder neue Skills kaufen zu können. Ein entscheidender Unterschied von Eve Online zu anderen Spielen ist, dass man nach dem virtuellen Ableben seines Charakters tatsächlich negative Konsequenzen zu spüren hat. Diese äußern sich primär im Verlust von virtuellem Geld, Besitztümern und letztlich Zeit. Dieser so genannte Todes-Malus ist im Vergleich zu ande-

---

[6] *Items sind virtuelle Gegenstände in Spielen, vom einfachen Heiltrank bis zur strahlenden Rüstung.*

ren Spielen wesentlich ausgeprägter und der Spieler empfindet diesen Malus als eine sehr negative Erfahrung. Eine solche Erfahrung kann durchaus zu sehr intensiven Frustgefühlen führen. Ein Beispiel: Als Neuling im Spiel kann es durchaus einige Wochen dauern, bis man das Geld und die Ausrüstung zusammenhat, um sich beispielsweise einen Kreuzer leisten zu können. Begeht man nun mit diesem neuen, schönen Schiff, welches man sein Eigen nennt nun einen typischen Anfängerfehler - beispielsweise den Flug hinein in ein gesetzloses System - kann man mit sehr hoher Wahrscheinlichkeit davon ausgehen, das das Schiff bei dem Versuch dieses System zu erreichen, zerstört wird. Das Ergebnis: Mehrere Wochen des Sparens von virtuellem Geld sind in kürzester Zeit verpufft. Natürlich behält man in genanntem Beispiel die erlernten Skills bei, das heißt, bei einem Tod des eigenen Charakters verliert man zwar das Schiff und seine Ausrüstung, nicht aber die erlernten Skills. Trotzdem empfand ich gerade in der Anfangszeit des Spiels diese Form der Bestrafung als sehr hart und frustrierend. Ich werde auf dieses Thema noch einmal intensiver eingehen, wenn ich die Abhängigkeitsmechanismen des Spiels behandle.

4.5 Abhängigkeitsmechanismen und -gefahren

Eve besitzt eine ganze Reihe an Abhängigkeitsmechanismen, die aber nicht wie bei anderen Spielen üblich, den Spieler unbedingt nur im Spiel halten sollen, sondern primär dafür Sorge tragen sollen, dass das Abonnement weitergeführt wird. Natürlich sind eben solche Mechanismen vertreten, welche dafür Sorge tragen, dass der Spieler sich möglichst lange im Spiel aufhält. Diese sind allerdings nicht so ausgeprägt, wie zum Beispiel bei dem Spiel World of Warcraft.

Seit dem Erscheinen des Spiels im Jahr 2004 sind diese Mechanismen kontinuierlich verändert worden, einige sind weggefallen, andere hinzugekommen. Diese so genannten Timesinks sind besonders ausgeprägt beim Reisen innerhalb des Eve-Universums. Es ist nicht ungewöhnlich, in einigen Fällen mehrere Stunden zu benötigen und von einem Punkt zum anderen zu gelangen. Auch die schon erwähnten Tätigkeiten wie zum Beispiel das Abbauen von Erzen aus Asteroiden sind darauf ausgelegt, möglichst viel Zeit zu beanspruchen. Hierbei kommt noch zum Tragen, dass man hierbei nicht einfach den Computer laufen lassen und ein Kaffee trinken gehen kann. Man muss in bestimmten Zeitabständen am Bildschirm aktiv sein, damit zum Beispiel der Laderaum des Schiffes nicht voll wird und sich die Laser vorzeitig abschalten. Nicht zu unterschätzen ist auch die Motivation, einen neuen Skill abzuschließen, um beispielsweise ein neues Schiff fliegen zu können. Solange das Spiel noch neu ist, steht man unter Umständen sogar nachts auf, um einen neuen Skill anzustoßen. Mit einer der letzten Erweiterungen hat der Hersteller dieses Phänomen etwas entschärft, indem er eine Skill Queue eingeführt hat. Diese erlaubt es den Spielern Skills nacheinander abarbeiten zu lassen bis zu einem Maximum von 24 h. Es ist auch möglich, Skills einzutragen, die mehrere Tage laufen, damit ist dann allerdings die Skill Queue voll.

Ein besonderer Abhängigkeitsmechanismus kommt zum Tragen, wenn man versucht Eve Online alleine zu spielen. Wenn man zum Beispiel Erzabbau betreiben möchte, ist es kaum möglich, dieses sinnvoll nur mit einem Account[7] zu bewältigen. Sinnvoller ist da zum Beispiel der Einsatz eines zweiten Accounts zum Abtransport des Erzes aus dem Asteroidenfeld. Prompt sind schon die doppelten Kosten für die beiden Accounts fällig. Die Zahl der Spieler, die mit mehreren Accounts spielen (teilweise bis zu sechs) ist enorm. In meiner letzten aktiven Zeit habe ich beispielsweise mit drei Accounts gespielt, um meinen Ertrag zu maximieren. Glücklicherweise ist es seit kurzem möglich, Accounts auch mit virtuellem Geld zu bezahlen. Dies habe ich auch mehrfach praktiziert. Allerdings tauchte für mich gerade hier ein gedankliches Problem auf: Welchen Sinn hat ein Spiel, indem ich mit meiner Spielzeit virtuelles Geld anhäufe, um damit wiederum meine Spielzeit zu bezahlen. Da kann durchaus schnell das Gefühl aufkommen zu arbeiten und nicht zu spielen. Sehr viele Spieler machen Gebrauch vom umgekehrten Prinzip. Sie kaufen mit realem Geld Zeitcodes, die sie innerhalb des Spiels gegen virtuelles Geld wieder verkaufen: Im Klartext geben sie also reales Geld aus um virtuelles Geld zu erhalten. Dies natürlich zusätzlich zu ihren ohnehin schon vorhandenen monatlichen Kosten für das Spiel. Eine Motivation dafür kann sein, sich mit dem so erhaltenen virtuellen Geld im Spiel etwas anschaffen zu können, was auf normalem Wege wesentlich länger gedauert hätte zu erreichen. Ob ich dieses Vorgehen für bedenklich halte? Auf jeden Fall! Wenn man schon so weit ist, dass man sich mit realem Geld einen vermeintlichen Status oder ein Statussymbol in einem Spiel kaufen muss, beziehungsweise sich einen Vorteil gegenüber anderen Spielern zu verschaffen, dann hat das meiner Ansicht nach nicht mehr viel mit einem Freizeitvergnügen zu tun. Hier würde ich auf jeden Fall schon von Abhängigkeit sprechen.

---

[7] *Zugang zum Spiel, jeder Account muss gesondert bezahlt werden und mehrere Zugänge erlauben es, parallel mit mehreren virtuellen Charakteren zu agieren.*

5 World of Warcraft

5.1 Überblick

World of Warcraft ist ein Fantasy-Spiel, mit allem was dazugehört, wie Elfen, Orks, Nachtelfen, Magiern und Zauberei. Noch viel wichtiger ist: WoW ist der absolute Platzhirsch unter den Online-Rollenspielen. Es gibt aktuell kein anderes Onlinespiel, welches es hinsichtlich der User-Zahlen, also der Menge an Menschen die das Spiel aktiv spielen mit WoW messen kann. Das Spiel erschien 2003 und ist bis heute eines der erfolgreichsten Onlinespiele, die es je gab. Das Spiel orientiert sich, wie der Name schon sagt, am »Warcraft Universum«[8], welches aus zahlreichen Offline-Spielen bekannt ist. Die monatlichen Kosten für das Spiel betragen circa 13 €, der einmalige Anschaffungspreis ist von anfänglich 50 € auf mittlerweile neun Euro gesenkt worden. World of Warcraft, oder kurz WoW, ist meiner Meinung nach zurzeit das Spiel mit dem höchsten Suchtpotenzial. Ich selbst war, mit Unterbrechungen, über fünf Jahre diesem Spiel verfallen. Sollten Sie diesen Text also lesen, und vielleicht dieselben Symptome feststellen, wie ich sie im Folgenden beschreiben werde, wäre es vielleicht an der Zeit, sich selbst einzugestehen, dass eventuell tatsächlich eine Abhängigkeit besteht.

Abb. 4 WoW-Screenshot mit Interface

WoW bietet dem Spieler auch eine persistente Umgebung. Diese ist jedoch in unterschiedliche Server aufgeteilt, so dass im Unterschied zu

[8] *Ein von zahlreichen Autoren durch Romane, Spiele und Erzählungen erdachtes Universum. Auf der umfangreichen Hintergrundgeschichte und den Figuren basiert World of Warcraft.*

Eve Online beispielsweise nicht alle Spieler gemeinsam in einem einzigen, großen Universum spielen, sondern sich auf mehrere Server und damit Spielwelten verteilen.
World of Warcraft ist bewusst einfach gehalten, um Neueinsteiger und Menschen die noch nie online Spiele gespielt haben, den Einstieg zu erleichtern. Das ist einer der entscheidenden Punkte, die World of Warcraft zum erfolgreichsten Onlinespiel aller Zeiten gemacht haben. Es gibt zwar auch Kritiker dieser Einfachheit, jedoch scheinen Millionen von Spielern, die das Spiel zurzeit spielen, dem Hersteller und seinem Geschäfts- und Spielmodell Recht zu geben.

5.2 Präsentation des Spielers und Kommunikation

Der Spieler wird im Spiel, wie in den meisten Onlinespielen üblich, mittels eines Avatars, also einer Spielfigur dargestellt. Zu Beginn des Spiels kann sich der Spieler entscheiden, welcher Rasse seine Spielfiguren angehören soll und welche Klasse sein Charakter ausüben soll, also welches äußere Erscheinungsbild und welche Fähigkeiten sein Alter Ego haben soll. Die Möglichkeiten reichen hier vom schwertschwingenden Krieger bis zum Magier, der mit Feuerbällen hantiert. Die Möglichkeiten zur optischen Individualisierung des Charakters halten sich jedoch schon sehr in Grenzen, so dass es im Verlauf des Spiels nicht ausbleibt, immer wieder über Charaktere zu stolpern, die aussehen wie Zwillingsbrüder oder Schwestern des eigenen Charakters.

5.3 Anpassung und Verbesserung des Charakters

World of Warcraft ist ein Spiel, bei welchem der natürliche Sammeltrieb des Menschen gezielt ausgenutzt wird. Der Hauptantrieb innerhalb des Spiels besteht darin, ständig seine Ausrüstung und seinen Charakter zu verbessern. Dies wird schon dadurch verstärkt, dass andere Spieler einen anhand der Ausrüstung seines Charakters bewerten. Das heißt, je besser die Ausrüstung eines Charakters ist, umso eher wird davon ausgegangen, dass der Spieler auch weiß, mit seinem Charakter umzugehen. Dieser Umstand führt dazu, dass vom ersten bis zum letzten

Level der Sammeltrieb und das Bedürfnis seinen Charakter zu verbessern oberste Priorität haben.
Zusätzlich zu den Gegenständen, die man für seinen Charakter sammeln kann, um ihn zu verbessern, gibt es zahlreiche Fertigkeiten und Berufe, die ebenfalls gesteigert oder erlernt werden wollen. Fertigkeiten beinhalten zum Beispiel die Fähigkeit, eine bestimmte Waffe zu benutzen. Diese Fertigkeiten sind teilweise klassengebunden, das bedeutet beispielsweise, dass ein Magier nicht in der Lage ist, eine schwere Plattenrüstung zu tragen, ein Krieger aber sehr wohl Stoffrüstung tragen kann. Dies ist durchaus plausibel, wenn man sich überlegt, dass ein muskelbepackter Bodybuilder ohne Probleme ein 50 kg schweres Schwert heben kann, sich ein schwacher Hänfling damit aber wesentlich schwerer tun würde. Viele dieser Fertigkeiten müssen gesteigert werden, um sie effizient nutzen zu können. Je nach Länge des Charakters gibt es unterschiedliche Obergrenzen für die Fertigkeiten. Dies bedeutet, dass zum Beispiel ein Charakter mit dem Level eins die Fertigkeit ein Schwert zu führen niemals so trainieren kann wie ein Charakter mit Level 80.
Berufe stellen eine zusätzliche Möglichkeit dar, den Charakter anzupassen, sowie sinnvolle Gegenstände selbst herzustellen oder diese zu verkaufen. Das Erlernen eines oder mehrerer Berufe ist optional, empfiehlt sich aber für den späteren Verlauf des Spiels, da so viele Gegenstände nicht teuer gekauft werden müssen, sondern zumindest zum Teil selbst hergestellt werden können.
Das Leveln des Charakters in World of Warcraft geht verhältnismäßig schnell im Vergleich zu anderen Spielen. Da in den letzten Jahren mit jeder erschienenen Erweiterung die Obergrenze des zu erreichenden Levels angehoben wurde, wurde im Gegenzug die Geschwindigkeit des Levelns in den unteren Levelbereichen erhöht. Dies erlaubt, dass Neueinsteiger im Spiel schneller zu Spielern aufschließen, die das Spiel schon länger spielen.
Eine weitere Möglichkeit den eigenen Charakter anzupassen und zu verbessern beziehungsweise zu spezialisieren ist es, sogenannte Talentpunkte zu verteilen. Ab Level 10 erhält man mit jedem gewonnenen

Level einen Talentpunkt. Diesen kann man in einen von drei Spezialisierungsbäumen investieren und somit für seinen Charakter neue Fähigkeiten oder Eigenschaften freischalten. Da es aufgrund der Anzahl der Talentpunkte die jemand erwerben kann, nicht möglich ist, alle Bäume komplett zu wählen, ist es nötig, sich auf eine Richtung der Spezialisierung zu konzentrieren.
Zusammenfassend lässt sich sagen, dass zwar in World of Warcraft die optischen Anpassungsmöglichkeiten des Charakters nicht sehr umfangreich sind. Dafür sind die Möglichkeiten den Charakter innerhalb des Spiels mit Fähigkeiten auszustatten und diese zu trainieren sehr umfangreich und vor allem sehr zeitintensiv.

5.4 Grundlagen des Spiels / Aktivitätsmöglichkeiten für den Spieler

Die Grundlagen des Spiels sind leicht erklärt: möglichst schnell den Maximallevel zu erreichen und auf dem Weg dorthin den Charakter möglichst gut auszurüsten.

In World of Warcraft dreht sich alles um das Leveln. Es gibt auch eine Hintergrundgeschichte und einige Questgeber haben durchaus interessante Sachen zu erzählen, wenn man sich die Mühe macht die Texte durchzulesen. Aufgrund der Wiederholung der immer gleichen Aufgaben legt sich das meistens schnell und das schnelle Leveln tritt in den Vordergrund. "Gleichen Aufgaben" bedeutet in diesem Fall natürlich nicht, dass man immer dieselbe Aufgabe ausführt, nur die Art und Weise, in der Aufgaben zu erledigen sind, ist immer gleich. Beispiel: tötet 20 Kaninchen oder bring mir 10 Spinnenbeine. Variieren werden hierbei die Objekte. Also sind es bei der nächsten Aufgabe eben nicht 10 Spinnenbeine, sondern vielleicht 10 Gänseblümchen.

Die eigentlichen Aktivitätsmöglichkeiten für Spieler halten sich doch sehr in Grenzen, da man sich lediglich entscheiden kann, entweder seinen Charakter zu Leveln, PvP zu machen, oder die vielleicht erlernten Berufe zu perfektionieren beziehungsweise sie auszuüben, um virtuelles Geld zu verdienen. Es gibt Spieler, denen das Erreichen des Maximallevels nicht das Wichtigste ist. Diese findet man meistens auf sogenannten Rollenspielservern und es ist wirklich nicht jedermanns Sache, auf diese Art und Weise zu spielen.

So wie alles Andere ist das Wirtschaftssystem in World of Warcraft bewusst einfach gehalten. In zentralen Städten gibt es ein sogenanntes Auktionshaus, in welchem die Spieler Sachen zum Verkauf anbieten und Sachen kaufen können. Die Funktionsweise ist exakt wie bei eBay. Auch dieser Punkt erleichtert selbstverständlich Neueinsteigern den Umgang mit dem Spiel. Die virtuelle Währung wird hauptsächlich dazu verwendet, sich mit Rohstoffen für die einzelnen Berufe zu versorgen, da die meisten Ausrüstungsgegenstände, die man bei den computergesteuerten Händlern kaufen kann, wesentlich schlechter sind, als die Gegenstände, die man zum Beispiel als Belohnung für Aufgaben erhält.

Die Kommunikation zwischen den Spielern findet auch in diesem Spiel über einen Chat statt. Außerdem steht es den Spielern frei, einen in das Spiel integrierten kostenlosen Voice-Client zu nutzen. Hiermit funktioniert die Kommunikation allerdings nur in Gruppen. Es gibt einen speziellen Handelschat, der übergreifend über alle Hauptstädte im Spiel funktioniert.

Es besteht einerseits die Möglichkeit, sich kurzfristig in Gruppen mit anderen Spielern zusammenzutun, um zum Beispiel bestimmte Aufgaben zu erledigen, denen man alleine nicht gewachsen ist. Außerdem kann man sich in so genannten Gilden mit gleich gesinnten Spielern zusammentun. Diesen Zusammenschluss kann man als eine Art Verein sehen. Für diese Gilden gibt es zusätzlich einen eigenen Chat-Kanal, in dem ausschließlich die Mitglieder kommunizieren können.

5.5 Abhängigkeitsmechanismen und -gefahren

In puncto Abhängigkeit ist World of Warcraft ein Phänomen. Wenn man anfängt, dieses Spiel zu spielen, sieht es so harmlos aus, dass man sich nicht vorstellen kann, von diesem Spiel abhängig zu werden. So ging es mir zumindest. Ich habe das Potenzial vollkommen unterschätzt.

Eine mögliche Erklärung hierfür könnte sein, dass der Sammeltrieb des Menschen einer der stärksten Triebe überhaupt ist und ausgerechnet dieser Trieb steht im Mittelpunkt des Konzepts von World of Warcraft. Für mich persönlich war es im Nachhinein also kein Wunder, dass ich mich mit diesem Spiel in eine Abhängigkeit begeben habe. Faszinierend hierbei ist, dass diese Abhängigkeit extrem lange vorhält. In der Zeit, in der ich World of Warcraft gespielt habe, hatte ich mehrfach bereits ein Abo gekündigt, nur um es einen oder zwei Monate später wieder zu aktivieren. Selbst dies ist bei genauerer Betrachtung erklärbar. Man neigt dazu das Spiel dermaßen intensiv zu spielen, dass es einem einfach irgendwann zu den Ohren herauskommt, man schlichtweg keine Lust mehr darauf hat. Hat man aber eine gewisse Zeit der Abstinenz hinter sich gebracht, so ist die Verlockung doch recht groß "mal eben kurz" wieder in das Spiel hineinzuschauen. Man aktiviert also sein Abo und schon ist man wieder drin in der Suchtmaschine.

Das Schlimme daran ist, dass man beim entsprechend wiederholten und intensiven spielen dazu neigt, dem Spiel eine höhere Priorität zuzuweisen als dem realen Leben. Und man merkt es selbst oft nicht einmal. Mit etwas Glück fällt es einem auf, wenn man von anderen Menschen darauf angesprochen wird, ist aber oft dann schon so tief in der Sucht drin, dass man diese Ansprache schon als Angriff wertet. Ich spreche hier aus Erfahrung und bitte halten Sie sich vor Augen, dass auch ich fünf Jahre gebraucht habe um letztendlich komplett von diesem Spiel loszukommen und ich halte mich eigentlich nicht für leicht beeinflussbar.

Ein weiterer Faktor, der begünstigend für eine Abhängigkeit steht, sind pseudosoziale Verpflichtungen, die man innerhalb des Spiels eingeht. Ein Beispiel dafür wäre die Absprache mit einer Gruppe von anderen

Spielern, zu einem bestimmten Zeitpunkt gemeinsam eine schwierige Aufgabe im Spiel zu lösen. Sobald man solche Verabredung regelmäßig eingeht, was sich nie ganz vermeiden lässt, sollte man sich für World of Warcraft schon mal einen eigenen Terminkalender anlegen, da auch hier der Hersteller dafür gesorgt hat, dass es aufgrund der Einfachheit der Bedienung kein Problem ist, gleichgesinnte Spieler, also eine Gruppe, für ein bestimmtes Ziel zu finden.

Es ist schwer betroffenen Angehörigen oder Freunden einen Rat zu erteilen, wie sie mit Abhängigen dieses Spiels umgehen sollen. Mir selbst hat geholfen, dass ich mir vor Augen geführt habe, was mir die Unmengen investierte Zeit im Endeffekt bringen. Einfach ausgedrückt "was habe ich davon". Bei diesen Gedankengängen ist mir bewusst geworden, dass, wenn der Hersteller morgen die Server abschalten würde, ich nichts hätte. Die ganzen Pixel, die ich mir mit erheblichem Zeitaufwand erarbeitet habe, sind auf einmal verschwunden. Das heißt, wenn ich das Spiel spiele, bezahle ich dafür meine Zeit in etwas zu investieren, was außer Freizeitvergnügen kein Ergebnis hat. Ich halte es für unmöglich, jemanden von diesem Spiel zu lösen, wenn er nicht selbst einsieht, dass es negative Auswirkungen für ihn hat. Oftmals führt leider eine gut gemeinte Ansprache auf das Thema zum genauen Gegenteil des Gewünschten: eine Blockadereaktion, die meistens aus Trotz resultiert. Man sollte sich jedoch davon nicht entmutigen lassen. Denn gerade hier gilt: Steter Tropfen höhlt den Stein. Machen Sie sich bewusst, dass diese Vorgehensweise Sie sehr viel Kraft und Geduld kosten wird, eventuell führt die Bemühung irgendwann zur Einsicht des Betroffenen.

6 City of Heroes / City of Villains

6.1 Überblick

City of Heroes (CoH) ist ein Spiel, welches im Jahr 2003 erschienen ist und von der Firma NCSoft vertrieben wird. Entwickelt wurde das Spiel von der Firma Cryptic Studios, die sich unter anderem auch verantwortlich zeigt für aktuelle MMO's wie „Champions Online“ und das im Februar 2010 erscheinende „Star Trek Online“.
CoH ist ein „Superhelden-Spiel“, das bedeutet, dass man im Gegensatz zu dem Gros der vorhandenen Spiele nicht in die Rolle eines Fantasy-Charakters schlüpft, sondern eben in die Rolle eines Superhelden, wie man sie aus Comics kennt à la Batman, Spiderman, Superman und Co.
City of Villains ist ein im Oktober 2005 erschienene Erweiterung zu City of Heroes, die allerdings auch eigenständig spielbar ist und anstelle von Superhelden spielt man hier Superschurken, also sozusagen die „Dunkle Seite der Macht“. Besitzt man beide Spiele, erschließen sich zusätzliche Funktionen und Content. Der Einfachheit halber werde ich im Folgenden beide Spiele mit CoH beschreiben, da sie technisch und grafisch so gut wie identisch sind.

6.2 Präsentation des Spielers und Kommunikation

Auch in diesem Spiel ist natürlich wieder ein Avatar vorhanden, durch den der Spieler im Spiel dargestellt wird. Eine Besonderheit bei CoH ist jedoch die Charaktererstellung. Der Charakter-Editor ist dermaßen vielseitig und umfangreich, dass es keine Seltenheit ist, allein mit der Erstellung und dem Design des Charakters mehrere Stunden zu verbringen.

Abb. 5 Chatfenster in City of Heroes

Die Kommunikation mit anderen Spielern erfolgt auch hier über einen Chat, der allerdings etwas kompliziert zu bedienen ist, so dass viele

Neueinsteiger, wenn sie nicht antworten, erstmal sehr unfreundlich wirken, was aber nur daran liegt, dass sie mit dem Chat nicht zurechtkommen.

6.3 Anpassung und Verbesserung des Charakters

Wie schon weiter oben beschrieben, bietet allein die erstmalige Erstellung eines Charakters schon eine Beschäftigung für mehrere Stunden. Diese umfangreiche Gestaltungsmöglichkeit des eigenen Avatars bietet aber den Vorteil, dass tatsächlich kein Avatar im Spiel wie der andere aussieht. Bestenfalls findet man mal einen, der dem eigenen Charakter entfernt ähnlich sieht. Dafür muss man aber sehr lange suchen.

Abb. 6 Fliegende Heldin in CoH

Der Aufstieg des Charakters wird durch das bereits erwähnte „Leveln" erreicht. Man hat die Möglichkeit, entweder PvE-Content „durchzuarbeiten" oder sich – allerdings erst ab einem Mindestlevel – mit anderen Spielern zu bekriegen, also PvP zu betreiben.

Man hat die Wahl, ob man sich für das Erfüllen von Missionen (Aufträgen, die man von computergesteuerten Charakteren erhält = Quests) eine Gruppe sucht, oder diese alleine absolviert. Hier kommt ein weiterer sehr gut durchdachter Mechanismus des Spiels zum Einsatz: Die Missionen orientieren sich dynamisch an der Anzahl der Spieler in der Gruppe und deren Level. Das bedeutet z.B. das, sobald man allein in eine Mission geht, einen hinter der ersten Tür ein Gegner erwartet. Geht man mit einer vollen Gruppe von acht Spielern in die Mission, so stehen dort vielleicht zehn Feinde. Des Weiteren sind (fast) alle Missionen instanziert, das bedeutet, dass die entsprechende Gruppe, allein in diesem Gebiet ist und nicht fürchten muss, dass zum Beispiel ein anderer Spieler, der nicht zur Gruppe gehört in die Schusslinie läuft.

6.4 Grundlagen des Spiels / Aktivitätsmöglichkeiten für den Spieler

Auch in diesem Spiel gilt es, möglichst schnell den Maximallevel zu erreichen. Jedoch beschränkt sich hier die Aufwertung der Ausrüstung auf das Einsetzen von sogenannten „Verbesserungen" für die einzelnen Superkräfte des eigenen Helden. Diese Verbesserungen modifizieren und verbessern verschiedene Attribute der entsprechenden Kräfte, also zum Beispiel Erhöhung des Schadens, der Reichweite oder der Dauer von Effekten.

Das Sammeln tritt also bei CoH / CoV mehr in den Hintergrund, was der entscheidende Grund dafür ist, dass dieses Spiel keine so starke Abhängigkeit hervorrufen kann, wie andere Spiele. Hier ist es möglich, „mal eben" für 30 min. zu spielen und danach wieder auszuloggen ohne das Gefühl zu haben noch irgendwas im Spiel erledigen zu müssen oder etwas zu verpassen.

Das Wirtschaftssystem in CoH / CoV ist lange Zeit nicht existent gewesen, da es keine Handwerksberufe gab und auch keine Handelsplattformen für den An- oder Verkauf von Gegenständen im Spiel. Dies hat sich vor einiger Zeit geändert, als NCSoft sich – scheinbar durch den „Druck" anderer Spiele – genötigt sah, beides zu integrieren. Jedoch sind nach der Einführung von Handwerksberufen und einer Handelsplattform diese lediglich rudimentär vorhanden und auch nicht unbedingt notwendig für ein Fortkommen im Spiel.

Die Kommunikation zwischen den Spielern findet auch in diesem Spiel über einen Chat statt. Dieser ist aber etwas komplizierter zu bedienen als z.B. bei WoW.

Die grundlegenden Gruppenfunktionen und -kommunikationsmöglichkeiten sind auch hier vorhanden. Aber CoH / CoV bietet ein sehr interessantes Feature an, welches ich in dieser Form noch in keinem anderen Spiel gesehen habe: Wenn sich Spieler unterschiedlicher Level zusammentun möchten, so kann entweder ein niedrig-stufiger Spieler auf einen höheren Level angehoben werden für die Zeit des Zusammenspiels oder ein hochstufiger Spieler kann sich freiwillig herunterstufen lassen. Dies wird als „Mentor-“ bzw. „Sidekicksystem“ bezeichnet. Auch dies bewirkt wieder, das die Abhängigkeitsgefahr und das Gefühl etwas zu verpassen – beispielsweise, wenn der Freund weiterspielt, während man selbst zur Arbeit muss – nicht greift.

6.5 Abhängigkeitsmechanismen und -gefahren

CoH / CoV ist, wie schon im letzten Abschnitt erwähnt, das einzige Spiel, das ich persönlich kenne, in dem nicht versucht wird, eine künstliche Abhängigkeit, durch Sammelwut oder Item[9]-Fetischismus zu erzeugen. Alles in allem lässt sich also sagen, dass ich dieses Spiel hier der Vollständigkeit halber angeführt habe, es aber der positivste Vertreter hinsichtlich der Suchtgefahr ist und daher in diesem Punkt meiner Meinung nach vernachlässigt werden kann.

7 Planetside

7.1 Überblick

Planetside (im Folgenden auch: PS) ist eigentlich kein Rollenspiel in dem Sinne, beinhaltet aber einige Aspekte der klassischen Rollenspiele wie z.B. das Leveln, also der Aufstieg des Charakters und das Erlangen neuer Fähigkeiten. PS ist ein Multiplayer-Online-Shooter, das bedeutet, dass man sich wie in einem „normalen“ Ego-Shooter[10] in einer First-Person-Perspektive durch das Spiel bewegt. Man kann sich vor Erstellung eines Charakters für eine von drei Fraktionen entscheiden, die auf mehreren Planeten um deren Besitz kämpfen. Hierbei müssen Basen eingenommen werden, durch das

Abb. 7 Planetside Retail Box

---

[9]*Item = engl. Gegenstand, hier: ein virtueller Gegenstand innerhalb des Spiels.*

[10]*Ein Computerspiel, in dem man die Spielwelt aus der Ego-Perspektive des Charakters sieht, den man spielt, mit dem Ziel irgendwelche Feinde zu erschießen. Vgl. kontroverse Diskussion in den Medien bzgl. Killerspiele.*

durchführen verschiedener Aktionen, wie zum Beispiel, dass Halten einer Basis für 15 Minuten. Das Spiel basiert sehr stark auf Teamplay, da man als einzelner Spieler nicht viel ausrichten kann. Dies ist auch der Grund dafür, weswegen ich PS hier aufführe, da hierbei wieder der soziale Zwang eine Rolle spielen kann, das Spiel zu spielen, um seiner Gruppe helfen zu können.

7.2 Präsentation des Spielers und Kommunikation

Wie in allen bereits vorgestellten Spielen kommuniziert man auch in PS über einen Text-Chat, der von der Bedienung ähnlich ist wie der Chat in CoH / CoV, also nicht unbedingt intuitiv, so dass gerade Anfänger hier sicherlich erstmal Probleme haben werden.

Wie oben schon beschrieben, wird das Spiel in der sogenannten „First-Person"-Perspektive gespielt, also sieht man als Spieler alles aus der Sicht der eigenen Spielfigur, was das Spiel etwas realistischer wirken lässt, da es zugegebenermaßen nicht besonders realistisch ist, wie in anderen Spielen üblich, seine Spielfigur vor sich von hinten betrachtet laufen zu sehen. Die sogenannte „Immersion" - das hinein versetzen in den Avatar – ist also komischerweise bei dem Spiel am ehesten gegeben, welches überhaupt kein Rollenspiel sein will und auch keines ist.

Spieler können sich in Gruppen zusammentun, oder aber, ohne in einer Gruppe zu sein auf ein gemeinsames Ziel hinarbeiten. In einer Gruppe hat man jedoch den Vorteil, dass man auch für von anderen Gruppenmitgliedern erledigte Gegner einen kleinen Prozentsatz Erfahrungspunkte bekommt. Eine Steigerung der Gruppen sind in PS die Platoons, die aus einem Zusammenschluss von bis zu drei Gruppen á 10 Spielern also insgesamt 30 Spielern bestehen können. Diese Platoons gab es übrigens lange, bevor WoW seine Schlachtzüge eingeführt hat. Zu guter Letzt können sich Spieler in einem Äquivalent einer Gilde zusammenschließen, hier Outfit genannt.

An allen Kommunikationsformen im Spiel und auch den Techniken und Menüs zur Bildung von Gruppen oder Outfits merkt man PS sein Alter an (erschienen: 12.06.2003) – und leider auch die mangelhafte Pflege seitens des Entwicklers.

7.3 Anpassung und Verbesserung des Charakters

Dieser Abschnitt wird relativ kurz werden, eben da PS kein Rollenspiel ist. Anpassungsmöglichkeiten des Charakters sind fast nicht vorhanden. Bis auf einige (ca. 6) verschiedene Kopf- und Haarvarianten bei der Erstellung eines Charakters gibt es keine. Punkt.

In fast allen MMO´s darf unser Avatar bzw. unser Charakter auch leveln und hier macht Planetside keine Ausnahme. Jedoch muss man unterscheiden zwischen den Battle Ranks und den Commando Ranks. Mit den Battle Ranks kann man seine Talente spezialisieren, so dass man z. B. andere Waffen tragen oder andere Fahrzeuge fahren kann. Es gibt in Planetside einige Waffen und Fahrzeuge, nicht nur die normalen Maschinengewehre und Panzer.

Abb. 8 Interface in typischer Kampfsicht

Jeder Spieler startet als Rekrut, kann somit nur die Anfangswaffen nutzen und auch nur leichte Rüstung tragen. Erreicht man einen neuen Battle Rank, kann man entscheiden, ob man andere Waffen tragen möchte oder lieber doch die Standardrüstung. Wenig später kann man sich auch spezialisieren auf schwere Rüstungen, man hält also mehr aus. Jedoch gibt es nur 20 Battleranks (später wurde die Grenze auf 25 angehoben), also kann man nicht sich einfach frei wild mal spezialisieren. Man muss schon genau überlegen was man später auf dem Schlachtfeld anrichten will. Dies förderte besonders das Teamplay untereinander und somit kamen auch taktisch kluge Gefechte zustande. Im Battle Rank kann man nur aufsteigen, wenn man bestimmte Aktionen auf dem Schlachtfeld ausführt (Erledigen des Gegners, Erobern einer Basis etc.).

Neben dem Battle Rank gibt es noch den Command Rank, der nur bis Stufe 5 geht. Mit jedem Aufstieg erhält man besondere Fähigkeiten, wie einen EMP-Schlag oder Radaraufklärung. Auch hier gilt, dass man sich genau entscheiden muss. Um einen Commando Rank aufzusteigen, muss man Anführer eines Squads, also einer Gruppe von Soldaten, sein. Nimmt man eine Basis ein, erhält der Squadanführer Erfahrungspunkte für den Commando Rank.

7.4 Grundlagen des Spiels / Aktivitätsmöglichkeiten für den Spieler

Jede Fraktion besitzt ihre eigene Heimatbasis, die sogenannte Sanctuary.

Dort startet man als Soldat einer Fraktion immer, denn nur von dort aus kann man die anderen Kontinente der fiktiven Welt Auraxis erreichen. Es gibt zwei Wege zu einem anderen Kontinent zu kommen, entweder durch Teleport oder per Drop-Ship. Während der Teleporter einen immer nur zu einem festgelegten Punkt bringt, kann man mit dem Drop-Ship fast überall hin.

Abb. 9 Auswahl der Seite, auf der man kämpfen will

Auf jedem Kontinent gibt es Basen und Türme, die von den Fraktionen erobert werden müssen. Gehören einer Fraktion alle Basen und Türme auf einer Insel, können die anderen Fraktionen nur noch per Teleport zur Insel reisen. Zudem sind die Basen extrem wichtig für die Fraktionen, denn jede Basis hat einen bestimmten spielerischen Bereich abgedeckt. Man kann nur in medizinischen Basen seine Talente ändern, sonst nirgends. Auch bestimmte Fahrzeuge kann man nur erhalten und benutzen, wenn man die geeignete Basis dafür hat. Also ist es extrem wichtig diese Basen zu besitzen und somit waren sie auch ständig umkämpft. Kaum eine Fraktion wollte wirklich loslassen von seiner Basis, was auch kein Wunder ist.

7.5 Abhängigkeitsmechanismen und -gefahren

Wie im Überblick schon erwähnt, sind die einzigen beiden Suchtfaktoren bei PS das Gruppenspiel und der Wunsch den eigenen Charakter zu verbessern, also im Level aufzusteigen. Ersteres ist dann von Belang, wenn man fest in einem Outfit integriert ist. Spielt man PS „nur mal eben so", steigt man meistens problemlos in Spontangruppen ein. Dies wurde auch sehr unkompliziert gelöst im Spiel. Die Geschwindigkeit des

Levelaufstiegs nimmt drastisch ab, je höher man kommt, was bei jedem Spiel so ist. Allerdings steigt die Kurve hier noch um einiges steiler an als üblich, so dass man irgendwann nicht mehr auf das „Level-Up" wartet, sondern mitten im Kampf eher mal positiv überrascht wird, wenn es „Ding" macht und man einen Level hinzugewonnen hat.

8 Runes of Magic

8.1 Überblick

Runes of Magic oder kurz auch „RoM“ ist ein sogenannter Clone von World of Warcraft, das heißt, es werden viele Elemente und Mechanismen verwendet, die sich schon in WoW bewährt haben. Allerdings wird RoM ohne monatliche Gebühren angeboten, damit zählt es zu den qualitativ hochwertigen Vorreitern der „Free2play“[11]-Spiele. Diese finanzieren sich meistens über Item-Shops[12], für die der Spieler vorab echtes Geld hinlegen muss. RoM macht hier keine Ausnahme. Man kann sich also innerhalb des Spiels einen Vorteil verschaffen, indem man reales Geld ausgibt, um sich Gegenstände oder Boni im Itemshop kaufen zu können.

Abb. 10 Runes of Magic Retail Box

Im Grunde genommen ist RoM also ein „Abklatsch“ von WoW, mit zwei Unterschieden: 1. Ist es nicht im Comic-Stil gehalten, sondern bedient sich realistischeren Grafiken und 2. Verfügt RoM weder über die finanziellen Mittel noch über die Spielerbasis, über die WoW verfügt. Realistischere Grafiken heißt hier jedoch nicht fotorealistisch, sondern lediglich eine stärkere Anlehnung an die Realität.
Alles was ich im Abschnitt „World of Warcraft“ berichtet habe trifft also in einer abgespeckten Version auf RoM genauso zu, nur dass man eben keine monatlichen Gebühren zu entrichten hat. Natürlich fällt an allen Ecken und Enden auf, dass viele Features noch nicht perfekt arbeiten,

---

[11]Free2play = Frei, also umsonst zu spielen

[12] Item-Shops sind Geschäfte im Spiel, bei denen man mittels vorher durch echtes Geld erworbener virtueller Währung Gegenstände kaufen kann, die einem das Spiel erleichtern oder einem einen Vorteil verschaffen, wie z.B. bessere Waffen, Heiltränke, Reittiere etc.

aber dies war in der Anfangszeit von WoW genauso. Man darf beim Vergleich der beiden Spiele nicht vergessen, dass WoW wesentlich länger auf dem Markt ist und anfangs auch nicht fehlerfrei war.
Natürlich gibt es auch Unterschiede zu WoW, die etwas tiefgreifender sind, als lediglich optische Merkmale. Am Herausragendsten ist hier sicherlich das Zwei-Klassen-System. Hierbei sucht man sich mit Erstellung eines Charakters eine Klasse aus, kann aber im späteren Spielverlauf eine weitere, sekundäre Klasse zusätzlich wählen. Man hat mit einer sekundären Klasse jedoch nie alle Fähigkeiten dieser Spezialisierung, so dass ein Charakter der diese »Fachrichtung« als erste Klasse gewählt hat, in diesem Bereich immer leistungsfähiger sein wird. Allerdings hat man aufgrund dieses Systems die Möglichkeit, sehr viele verschiedene Kombinationen zu wählen, wie z.B. ein Schurke (Nahkämpfer), der auch gleichzeitig Magier (Fernkämpfer) ist.

9 Aion

9.1 Überblick

Aion wurde lange sehnsüchtig erwartet, weil viele passionierte Rollenspieler in diesem Titel das Potential sahen, die beiden Genre-Vertreter „Asia-Grinder“[13] und „europäisches Rollenspiel“ zu verbinden. Dies basierte vor allem auf vollmundigen Ankündigungen seitens des Publishers des Spiels, lange vor dem Erscheinungsdatum. Entsprechend gewaltig war der Hype[14] um Aion. Bei vielen Spielern stellte sich nach den ersten Stunden und Tagen des Spielens dann aber Ernüchterung ein, da die so hoch gepriesene Verschmelzung der beiden Spielprinzipien nicht wirklich gut gelungen war. Beide Spielerfraktionen bezeichneten den Versuch des Spiels beide Gruppen zueinander zu bringen als bestenfalls halbherzig.

Abb. 11 Die Collectors Edition von Aion mit Zugaben

9.2 Präsentation des Spielers und Kommunikation

Und wieder einmal erfolgt die Kommunikation der Spieler untereinander über ... genau, über einen Textchat. Der Spieler selbst wird durch einen hübsch gezeichneten Avatar repräsentiert, der auch mit großer Liebe zum Detail animiert ist und sich beispielsweise, wenn er eine Zeit lang ohne Aktion an einer Stelle steht, mal gähnend die Hand vor den

---

[13] *Grinden ist ein für asiatische Spiele typisches Spielprinzip, bei dem es auf sehr monotone Weise nur darum geht möglichst schnell den Maximallevel zu erreichen und Story, Quests etc. meistens zu kurz kommen. Europäische Spieler können sich i.d.R. nicht sehr gut mit dieser Art des Spielens anfreunden.*

[14] *Etwas wird über alle Massen gelobt, obwohl noch nicht alle Fakten bekannt sind und das Endprodukt noch gar nicht vorliegt.*

Mund hält. Das Interface ist ähnlich wie das WoW-Interface, auch wenn hier zum Beispiel Lebensbalken und Minimap unten angeordnet sind, statt oben wie beim »Vorbild«

9.3 Anpassung und Verbesserung des Charakters

Abb. 12 Ausführlichste Charakteranpassung

Ab Level zehn hebt sich Aion vor allem durch die Flügel, die der Charakter dann bekommt, angenehm von der MMO-Konkurrenz ab. Das Fliegen ist im Spiel nicht nur eine Möglichkeit, sich schneller durch manche Gebiete zu bewegen – nicht alle Gegenden in Aion sind Flugzonen, sondern natürlich auch eine taktische Komponente im Kampf. Vor allem ab Level 25, wenn man das erste Mal den Abyss, die PvPvE (Player versus Player versus Environment)-Zone betritt, merkt man das sehr schön, denn hier kämpfen nicht nur die beiden Fraktionen gegeneinander, sondern auch gegen die Nichtspieler-Fraktion der Balaur. Jeder Spieler kann sich eine Minute in der Luft halten und wie viel Zeit einem noch bleibt, sieht man im Flight-Counter auf der rechten Seite des Interfaces. Beginnt er rot zu blinken, ist es an der Zeit, zum Landeanflug anzusetzen. Zahlreiche Items, Tränke und Buffs können nicht nur die Flugzeit verlängern, sondern auch die Geschwindigkeit erhöhen. Gerade das macht einen für Gegner noch unvorhersehbarer. Ab Level 30 hat man außerdem noch die Möglichkeit den eigenen Charakter mit besseren Flügeln auszurüsten, damit er sich länger in der Luft halten kann. Die Kämpfe erhalten nicht nur durch das Fliegen, sondern zusätzlich noch durch das Kampfsystem, das auf Kombos aufbaut, eine sehr taktische Note. Es gibt insgesamt drei Arten von Kampfskills, die in Aion kombiniert werden können, nämlich Anfangsskills, Skills in der Mitte und die Finishing Moves, die diese gekonnt abschließen. Sobald man die erste Fähigkeit auswählt, wird angezeigt, welche der anderen man kombinieren kann und so weiter. Das macht die Angriffe natürlich um einiges stärker.

9.4 Grundlagen des Spiels / Aktivitätsmöglichkeiten für den Spieler

Aion unterscheidet sich vom Aufbau her nicht von anderen Rollenspielen im Fantasybereich, jedoch wird hier ein größerer Grinding-Anteil (s. S. 22) eingebracht. Das resultiert aus der asiatischen Herkunft des Spiels.

Abb. 13 Liebevoll gestaltete Umgebung in Aion

Das eigentlich einzige Ziel des Spiels ist es, den Maximallevel zu erreichen und im PvP gegen andere Spieler oder Legionen[15] anzutreten. Natürlich gibt es haufenweise Quests, die bis auf ganz wenige Ausnahmen aber nie vom Standardschema abweichen. Also: „Töte 20 xxx" oder „Bring mir 10 xxx" oder „Bring was zu Punkt A und dann bringst du was anderes wieder her".

Ansonsten lässt sich über die Spielwelt von Aion nur noch sagen, dass sie grafisch sehr schön gestaltet ist, ich persönlich hatte aber das Gefühl, dass dies bei der Entwicklung deutlich zu Lasten der Qualität der Quests gegangen ist.

9.5 Abhängigkeitsmechanismen und -gefahren

Aion teilt sich die Abhängigkeitsmechanismen im Prinzip mit WoW und Konsorten. Auch hier soll gesammelt werden, bis die Finger glühen. Bei den Handwerksberufen und dem damit verbundenen Rohstoffsammeln geht Aion allerdings sogar noch einen Tick heftiger zur Sache, da das Sammeln hier teilweise zu einer richtigen Sisyphusarbeit ausartet und die Berufe sehr viele Rohstoffe verschlingen. Also zusammengefasst: Aion ist für den, den es anspricht und der sich mit dem Spielprinzip zu-

[15] *Das Äquivalent zu einer Gilde, also ein Zusammenschluss gleichgesinnter Spieler in einer dauerhaften Gruppenkonstruktion innerhalb des Spiels*

rechtfindet sicherlich eine Gefahr hinsichtlich der Abhängigkeit. Die hinter Aion stehende Story hält nichts wirklich Revolutionäres bereit, entsprechend schnell verliert man auch die Lust, die Questtexte zu lesen. Natürlich stellt sich bei jedem Spiel mit der Zeit eine gewisse Routine ein, dies geschieht bei Aion aber unverhältnismäßig rasch.

Abb. 14 Das Interface kommt bekannt vor

10 Kommentar zu den Spielvorstellungen

Sicherlich ist Ihnen beim Lesen der einzelnen Spielkapitel nicht entgangen, dass viele Gemeinsamkeiten zwischen den einzelnen MMORPG's bestehen. Dies ist auch kein Wunder, da der Branchenprimus World of Warcraft ja zur Genüge gezeigt hat, welche Mechanismen funktionieren und welche nicht. Natürlich gab es auch vor WoW schon erfolgreiche Online-Spiele, jedoch ist vorher nie eines an die Nutzerzahlen von WoW gelangt und somit muss man neidlos anerkennen, dass World of Warcraft den Onlinespielen in der breiten Masse der Bevölkerung zum Durchbruch verholfen hat.

Viele der angesprochenen Mechanismen zur Förderung der Abhängigkeit oder aber des Zeitverbrauchs im Spiel sind für Außenstehende offensichtlich und gerade deshalb verstehen viele Menschen die nichts mit Onlinespielen „am Hut“ haben, nicht, wie jemand davon überhaupt abhängig werden kann. Dabei wird aber übersehen, dass derjenige, der sich entscheidet, ein solches Spiel zu spielen, dies in den meisten Fällen auch vorher erkannt hat, aber fest davon überzeugt war, dass dies für ihn keine Gefahr darstellt, weil er sich ja den Gefahren bewusst ist. Das klingt erst einmal paradox, aber denken Sie bitte einmal darüber nach, wie Sie in so einer Situation vielleicht handeln würden und vor allem, wie Sie sich selbst einschätzen würden.

Ich hoffe, ich konnte Ihnen einen kleinen Überblick geben und habe es Ihnen etwas einfacher gemacht, Online-Spieler und Ihre Sucht zu verstehen. Allerdings sollte man trotz der Möglichkeit der Suchtentstehung nicht pauschal alle verurteilen und sie als süchtig bezeichnen. Bitte lassen Sie trotz aller Ängste und Bedenken, die Sie möglicherweise haben, auch eine gesunde Portion Menschenverstand walten, bevor Sie zu früh urteilen.

11 Erfahrungsbericht

Dieser Erfahrungsbericht beruht auf wahren Begebenheiten. Namen und Orte sind, sofern sie die Privatsphäre anderer Personen betreffen geändert worden, es wurde aber darauf geachtet, dass hierdurch keine übermäßige Diskrepanz zwischen den einzelnen Stationen dieser Erzählung entsteht.

Ich erwähne in diesem Abschnitt mehrere, teils markenrechtlich geschützte Begriffe und Bezeichnungen, da ich mich dagegen entschieden habe, diese auch zu verfremden. Selbstverständlich sind diese das Eigentum des jeweiligen Besitzers, der natürlich auch alle Rechte daran hat.

In diesem Teil des Buches möchte ich anhand eines Berichts aus erster Hand aufzeigen, wie sehr Online-Spiele und speziell World of Warcraft für eine lange Zeit mein Leben bestimmt und teilweise auch zerstört haben. Natürlich ist dies alles sehr subjektiv und auch in vielen Teilen nicht kompromisslos ausführlich, da einige Sachen schon sehr privater Natur sind und mit dem Thema des Buchs nicht unbedingt etwas zu tun haben. Nach der langen Zeit, die mittlerweile seit diesen Ereignissen vergangen ist, kann ich sagen, dass natürlich jede meiner Partnerinnen und auch die äußeren Lebensumstände einen gewissen Teil beigetragen haben. Hauptsächlich jedoch bin ich selbst verantwortlich für die Entwicklungen und gerade an dieser Erkenntnis habe ich noch heute zu knabbern.

Man kann Online-Spiele und sogar World of Warcraft aber auch nicht verteufeln. Sie sind ein netter Zeitvertreib, aber wie bei allem Anderen muss man darauf achten, die Grenzen einzuhalten und zu erkennen, wann es nicht mehr bloß Entertainment ist. Philosophieren kann man stundenlang darüber, ob früher alles besser war. Ich denke, jede Zeit hat Ihre guten und schlechten Sachen, sowie jeweils andere Möglichkeiten sich zu unterhalten oder unterhalten zu lassen. Welche davon »besser« ist, ist letztlich Geschmacks- und auch Einstellungssache.

Selbst nach all diesen Ereignissen bin ich den Online-Spielen nicht generell abgeneigt, aber ich begegne ihnen mit deutlich mehr Vorsicht und mache zumindest um WoW einen riesengroßen Bogen. Bei Planetside z.B. könnte ich mir aber gut vorstellen, es noch mal zu spielen, da eben hier, wie schon im entsprechenden Artikel beschrieben, die Suchtgefahr wesentlich geringer ist und es somit auch für mich nicht mehr als ein netter Zeitvertreib ist.

11.1 Wie alles begann

Es begann alles im Jahr 2002. Ich war damals 27 Jahre, von Beruf Netzwerkadministrator, befand mich in einer festen Beziehung mit Andrea – damals 30 Jahre - und wohnte in Darmstadt. Wir führten eine dieser Beziehungen, wie sie heute von vielen Paaren geführt wird und die – zumindest nach außen hin – den Anschein erweckt, tadellos zu funktionieren. Wir hatten beide Arbeit, verdienten recht gut und die Liebe war noch so frisch und neu, dass auch zwischenmenschlich alles gut war. Sie war Rechtsanwaltsfachangestellte in einer kleinen Kanzlei und hatte dadurch ziemlich geregelte Arbeitszeiten, also eigentlich typische „Beamtenzeiten" von morgens acht Uhr bis abends um fünf. Diesen Luxus hatte ich zu dieser Zeit nicht, da ich angestellt war als Netzwerkadministrator einer großen Darmstädter Firma und jeder, der diesen Beruf kennt, weiß, dass reguläre Arbeitszeiten hier ein Fremdwort sind. Mit anderen Worten, ich kam mal um fünf Uhr abends nach Hause, mal um drei Uhr nachts. Trotz dieser widrigen zeitlichen Umstände meinerseits funktionierte unsere Beziehung überraschend gut. Das mag vielleicht auch daran liegen, dass wir durch unsere beiden Verdienste finanziell recht solide aufgestellt waren. Es war bei uns eher die Regel, auswärts essen zu gehen als zu kochen, und uns die wenige Zeit, die uns zur Verfügung stand, zu genießen, ohne auf jede Mark / jeden Euro schauen zu müssen.

Eigentlich war es merkwürdig, dass wir uns vertrugen, und das auch noch auf Dauer, waren wir doch zwei absolut gegensätzliche Menschen. Andrea war der sparsame „Hausfrauentyp", ich der verschwenderische Eigenbrötler. Sie kochte gern, ich aß gern, aber hasste diesen ganzen Aufwand um das Kochen, zumal ich nicht verstehen konnte, warum man nach einem stressigen Arbeitstag einen solchen Wert darauf legt, auch noch stundenlang Essen zuzubereiten. Sie drehte jeden Euro um, ich legte eher noch einen drauf. Wenn es also darum ging, z.B. einen Staubsauger zu kaufen, dann wollte sie den billigsten, ich entweder den teuersten oder wenigstens einen aus dem oberen Preissegment. Dies setzte sich in allen alltäglichen Bereichen fort und natürlich entstanden daraus auch mal Meinungsverschiedenheiten und im Extremfall sogar Streits, aber komischerweise haben wir es geschafft, diese immer wieder irgendwie beizulegen. Es mag zum Teil daran liegen, dass wir in vielen Sachen mit der Zeit auch voneinander gelernt haben. Zwar nie so weit, dass man sich im Grundsatz ändern würde, aber doch genug, um besser miteinander auszukommen und vielleicht auch den Vorteil in den Handlungen oder Ansichten des anderen zu erkennen.

Das Einzige, was wir von Beginn an gemeinsam hatten, war die Affinität zu PCs und zum Internet, mag auch daran liegen, dass wir uns mithilfe dieses Mediums überhaupt erst kennengelernt hatten. Zurückblickend würde ich sagen, dass wir beide bei unserem ersten persönlichen Treffen in einer emotionalen Sackgasse angelangt waren, bedingt durch unsere vorherigen Beziehungen, die bei uns beiden erst kurz zuvor geendet hatten. Man ist dann auch naturgemäß in einer Situation, in der man sich vielleicht sein Gegenüber nicht so genau anschaut, wie man das tun würde, wenn man nicht in so einem Tief stecken würde. Wir hatten beide das Bedürfnis jemanden zu haben und haben – ohne das böse zu meinen – das genommen, was da war, sofern es, was bei uns ja der Fall zu sein schien, irgendwie auch nur ein bisschen danach ausgesehen hat, als könne es passen. Diese vermeintliche, neue, große Liebe ließ mich meinen bestehenden Job in Limburg aufgeben und eine Anstellung in Darmstadt annehmen, die um einiges besser bezahlt war. Rückblickend war das eine meiner dämlichsten Entscheidungen, die ich je getroffen hatte, da die Firma in Limburg richtig gut war, es passte also einfach alles: Arbeitsklima, Kollegen, Bezahlung, Entfernung usw. Die Firma in Darmstadt suchte nur einen kurzfristigen „Lückenbüsser“, was ich zu dem Zeitpunkt leider noch nicht wusste.

Dieses gemeinsame Hobby verband uns einerseits in der Freizeit, da wir hier etwas hatten, was wir teilen konnten und über das wir miteinander reden konnten, ohne dass sich der andere langweilte. Es läutete aber gewissermaßen auch den Anfang vom Ende ein. Mittlerweile weiß ich, dass jede Sache zwei Seiten hat und es eine wahre Kunst darstellen kann, zu versuchen, diese auszubalancieren.

Wir begannen damit, im Rahmen einer damals existierenden Internet-Community einen Server bereitzustellen für das Tauschen von Daten über das Internet – natürlich alle vollkommen legal und rechtefrei. Als Erklärung für alle jüngeren Leser: Damals lief noch nicht alles dezentral, das heißt für den Austausch von Dateien zwischen einzelnen Benutzern, waren immer ein oder mehrere zentrale Server nötig, die die Verbindungen vermittelten und Listen der Dateien bereithielten, die jeder Client bereitstellen wollte. Dies alles basierte auf dem Programm „WinMX", welches damals neben Napster das beliebteste Tauschbörsen-Programm war. Mittlerweile hat es keine Bedeutung mehr, da alle anderen heute populären Wegen wesentlich schneller und komfortabler sind. Der Vorteil von WinMX war, dass man einen im Programm integrierten Chat hatte, mit dem man sich mit anderen Benutzern oder Serverbetreibern „unterhalten" konnte. Wir lernten auf diesem Wege unter anderem ein Pärchen kennen aus Hamburg, welches ebenfalls dieses gemeinsame Hobby hatte, Daria und Sven.
Wir betrieben also diese Server und hatten einiges an Spaß, Ärger und lernten viel Neues kennen. Also alles, was ein EDV-basiertes Hobby so ausmacht. Nach und nach verloren wird dann aber das Interesse daran, da es nicht sehr erfüllend war, sich nur mit den anderen Leuten zu unterhalten und einer großen, anonymen Masse an Leuten einen Server bereitzustellen. Zumal der Rechner, wenn der Server lief, eigentlich kaum noch für etwas anderes zu gebrauchen war. Ganz zu schweigen von der Auslastung unserer Internetleitung und dem Stromverbrauch, da diese Server 24h liefen.
Eines Tages war ich im Einkaufszentrum unterwegs und schaute natürlich auch im dort ansässigen ProMarkt vorbei, auf der Suche nach ... nun sagen wir einfach, ich wollte mich informieren und nach Möglichkeit irgendetwas kaufen. Ich lief also wie üblich auch durch den Gang mit den PC-Spielen und irgendwie faszinierte mich diesmal ein bestimmtes Spiel besonders. Der Name war „Eve Online" und es war – und das war damals ein ziemlich spärlich vertretenes Genre – ein Onlinespiel und das auch noch mit Science-Fiction Setting, also Raumschiffe, Weltraum,

unendliche Weiten etc. Das fand ich natürlich den Knaller schlechthin, da ich dort nicht nur chatten konnte mit allen möglichen Leuten, wie in WinMX, sondern zudem auch noch spielen und das in dem von mir so geliebten Sci-Fi Genre. Auf der Packung stand natürlich auch, dass monatliche Kosten anfallen würden. Der erste Monat, also 30 Tage, waren aber im Kaufpreis inbegriffen. Dies lies mich zögern, da ich ja wusste, wie Andrea gegenüber Kosten und Ausgaben im Allgemeinen und Kosten für Freizeitaktivitäten im Besonderen eingestellt war. Ich stellte das Spiel also wieder schweren Herzens ins Regal zurück und fuhr nach Hause. Nachdem ich mich wieder ein paar Tage mit WinMX abgegeben hatte, was mir zunehmend schwerer fiel, auch weil ich jetzt die möglichen Alternativen kannte, hörte ich Andrea eines Abends sagen: „Also diese WinMX-Sache ist ja ganz nett gewesen, aber so langsam hab ich keine große Lust mehr dazu." Man merkte ihr die Langeweile fast körperlich an, als sie im Anschluss an meine bestätigenden Worte ins Bett ging. Für mich war natürlich klar, was zu tun war: Morgen ab in den ProMarkt, das Spiel kaufen und zwar direkt zwei davon!
Gesagt, getan: Am nächsten Tag kaufte ich zwei Exemplare von „Eve Online" und war trotz ihrer Bemerkung gestern sehr gespannt, wie Andrea reagieren würde. Als ich nach Hause kam – sie war noch nicht da – legte ich ihr das Spiel auf die Tastatur und meins auf meine. Es fiel mir zwar schwer, aber ich wollte mich unbedingt beherrschen es schon zu installieren, da ich erstens keine Lust hatte, das Spiel alleine zu spielen, falls es ihr von vorneherein nicht zusagen sollte und zweitens hätte ich sonst sehr wahrscheinlich den Vorwurf geerntet, sie vor vollendete Tatsachen zu stellen, und drittens ist bei Frauen allgemein ja das Thema „etwas gemeinsam machen" und mögen es noch so triviale und unnötige Sachen sein, sehr ausgeprägt und empfindlich.
Ungefähr eine Stunde später kam Andrea dann nach Hause. Nachdem Sie sich einen Kaffee eingegossen, mir einen Kuss gegeben und ihr Geschäft verrichtet hatte (nicht unbedingt in der Reihenfolge) ging sie in unser Arbeitszimmer und ich hörte in der Küche sofort ihren erstaunten

Ausruf: „Oh, was ist das denn?“ Sie kam mit der Packung zu mir in die Küche und ließ sich von mir erklären, was ich denn da schon wieder gekauft hatte. Sie war hinsichtlich der monatlichen Kosten zwar tatsächlich nicht begeistert, ließ sich aber etwas besänftigen durch die Tatsache, dass ja ein Monat inklusive ist und man es ja nicht weiterspielen muss und demzufolge dann ja auch nicht bezahlen muss. Wir einigten uns darauf, es uns auf jeden Fall mal anzuschauen und dann zu entscheiden, ob es was für uns sei. Sie bedankte sich noch bei mir, dass ich gewartet hatte mit der Installation – hab ich‘s nicht gesagt?

11.2 Erster Kontakt

Eve Online wurde also von uns beiden installiert und wir hielten uns sicherlich mindestens zwei Stunden mit der Charaktererstellung auf, obwohl im Gegensatz zu heutigen Spielen die Darstellung und die Optionsvielfalt eher dürftig waren. Nachdem wir das erledigt hatten, begannen wir unseren ersten Ausflug in die virtuellen Weltraum-Weiten des Eve-Universums. Man muss dazu sagen, dass die Version, die wir damals spielten, die erste war, die von Eve Online herausgekommen war und bis zur Halskrause voll war mit Bugs und Macken. Das Tutorial, also die ins Spiel integrierte Einführung für neue Spieler, war zwar existent, aber ungefähr so hilfreich, wie ein Gefrierschrank in Sibirien. Als Spieler der ersten Stunde hatten wir also das große „Glück“ und „Privileg“ uns im wahrsten Sinne des Wortes durchbeißen zu müssen. Nicht selten bissen wir dabei ins beigelegte circa zehnseitig „Handbuch“. Aber genau diese Tüftelei, die gemeinsame Problematik, mit der wir uns so oft beschäftigen mussten und die ganzen neuen Sachen, die auf uns zukamen, waren das, was uns verband. Wir hatten wieder ein gemeinsames Hobby, das Spaß machte.

Nach und nach fanden wir uns besser im Spiel zurecht und machten Fortschritte. Da wir beide das Bedürfnis hatten, nicht immer mit irgendwem zusammen zu spielen, sondern im Idealfall immer mit denselben Leuten, die man dann auch ein wenig kennenlernen und sich auf sie einstellen konnte, beschlossen wir eine sogenannte „Corporation“ innerhalb des Spiels zu gründen. Das ist das Äquivalent zu einer Gilde, also ein Zusammenschluss von Spielern, der durch Mechaniken des Spiels ermöglicht und gefördert wird, also zum Beispiel ein eigener Chat-Kanal für die Mitglieder oder ein gemeinsames virtuelles Konto. Wir setzten diese Idee in die Tat um und erstaunlicherweise fanden sich tatsächlich mit der Zeit einige Spieler ein, die bei uns mitspielen wollten. Wir planten dann gemeinsame Events im Spiel, ich erstellte eine Webseite für den Ingame-Browser des Spiels und hostete sie auf meinem eigenen Rechner und alles entwickelte sich recht gut – zumindest im Spiel. Leider hatte das Spiel ungeahnte Auswirkungen auf unser reales Leben.

Ich war damals für eine Versicherungsgesellschaft im Außendienst tätig und konnte mir meine Arbeitszeit selbst einteilen und planen. Dies führte leider dazu, dass ich des Öfteren lieber Eve spielte und einen Termin verlegte oder gleich ganz absagte. Ähnliches passierte bei Andrea: Sie ging immer später ins Bett, meldete sich mal krank, um spielen zu können. Einige Wochen später wechselte Andrea den Job, da sie ein Angebot hatte, bei dem sie deutlich mehr verdienen könne. Dies traf zwar auch zu, jedoch wurde sie bei der neuen Anstellung zwei Monate später wieder gekündigt, da sie dort nur als Vertretung eingestellt worden war, was ihr aber niemand gesagt hatte. Ergebnis des Ganzen war, dass Andrea nun eine Menge Zeit hatte, um Eve zu spielen und sich auch keine besondere Mühe gab eine neue Anstellung zu finden. Bei mir war es nicht ganz so massiv, da ich noch rechtzeitig gemerkt habe, dass ich mit meinem Verhalten meinen Job gefährde. Problematisch wurde es für mich nur deshalb, da ich sehr viel von zu Hause gearbeitet habe und mir dann natürlich immer Andrea vor der Nase saß und spielte. Nicht unbedingt förderlich für meine Versuche mich selbst wieder zum Arbeiten zu motivieren.
Mit der Zeit stellte ich fest, dass Andrea immer weniger Interesse an mir und an gemeinsamen Unternehmungen oder Planungen zu haben schien, sofern es sich nicht um Eve drehte. Dies schloss zuletzt auch unser Sexualleben ein, welches dann sozusagen nicht mehr existent war. Ich schrieb das lange Zeit einfach dem Spiel als solchem zu. Durch Zufall stellte sich aber heraus, dass sie sich sehr angeregt mit einem Mitglied unserer Corporation unterhielt und dies in einer Art und Weise, die sonst nur bei 0190er-Nummern praktiziert wird. Bis dahin hielt ich den sogenannten „Cyber-Sex“ für Quatsch und eine Wortschöpfung ohne Hintergrund – ich wurde eines Besseren belehrt.
„Was soll dieser Scheiß?“ stellte ich sie eines Abends zur Rede. Ich hatte zwar versucht durch ein „drüber schlafen“ mich etwas zu beruhigen, aber diese Hinterhältigkeit machte mich einfach nur wütend. „Zwischen uns funktioniert es nicht mehr und er versteht und liebt mich!“ hörte

ich daraufhin von ihr. Wohlgemerkt: ein Mensch, den sie noch nie gesehen hatte, der in Dänemark lebte und mit ihr schlüpfrige Unterhaltungen über einen Text-Chat führte. Ich erspare dem Leser den weiteren, doch sehr ausgiebigen Streit, der sich danach entwickelte. Das Ergebnis war, dass ich ihr gesagt habe, dass ich mich unter den Bedingungen von ihr trennen möchte. Diese Trennung setzten wir in den darauf folgenden Wochen dann in die Tat um. Sie suchte sich eine Wohnung in der Innenstadt, ich half ihr beim Packen und Umziehen und hatte fortan unsere ehemals gemeinsame 85 Quadratmeter-Wohnung für mich allein. Das Leben rund herum ging natürlich erstmal weiter wie gehabt – warum auch nicht? Ich arbeitete weiter, konnte mich aufgrund der Trennung umso mehr dazu motivieren und spielte Eve nur noch sehr selten.

Irgendwann überraschte mich mein E-Mail-Postfach, indem ich darin eine Nachricht von Daria fand, das Mädel, aus den früheren WinMX-Zeiten. Sie schrieb, dass sie uns vermisst habe in WinMX (sie wusste natürlich nichts von unserer Trennung) und gerne wieder den Kontakt herstellen würde. Da sie nicht wisse, ob wir nur Probleme mit unserer Internetverbindung hätten, schickte sie noch ihre Telefonnummer mit. Da ich an dem Tag sowieso ziemlichen Leerlauf hatte, beschloss ich, sie einfach mal anzurufen, allein schon, um mich mal irgendwo auskotzen zu können. Sie hatte eine sehr angenehme Stimme, das war das Erste, was mir auffiel. Ich erzählte ihr von unserer Trennung und den Umständen, wie es dazu gekommen war und anschließend eröffnete sie mir, dass sie sich ebenfalls von ihrem damaligen Freund getrennt habe. Ich wusste nicht, ob ich einfach nur total bescheuert war oder verzweifelt oder beides. Ich stellte fest, dass ich, ohne es zuerst zu registrieren, angefangen hatte, mit ihr am Telefon zu flirten. Ich dachte: „Ok, immer locker bleiben, sie wohnt elend weit weg, ihr versteht euch gut, ist doch nichts dabei und außerdem bist du doch grade erst auf die Nase geflogen und hast erstmal von Frauen die Schnauze voll."

Wie es zwischen den beiden Geschlechtern immer so läuft, wir telefonierten immer öfter und ausdauernder, beschlossen uns persönlich zu treffen und verliebten uns ineinander. Nachdem wir einige Monate lang eine Wochenendbeziehung geführt hatten, zog sie schließlich im Sommer 2004 mit ihrer damals dreijährigen Tochter zu mir. Wie es der Zufall – oder auch mein nicht lernen wollendes Hirn – wollte, war dies genau das Jahr, als „World of Warcraft“ erschien. Im Grunde verlief die Anschaffung dieses Spiels genauso, wie damals bei „Eve Online“, was es nur noch schwieriger macht, mir diese Handlung sogar selbst erklären zu können. Mit dem Sprichwort „Schaden macht klug“ hatte das auf jeden Fall nichts zu tun. Wir heirateten 4 Monate nach unserem Kennenlernen sehr überstürzt und waren trotz der Warnungen unserer beiden Familien überzeugt davon, das Richtige zu tun.

11.3 Die Hauptdroge

World of Warcraft – im Folgenden kurz WoW genannt – war von Beginn an ein extrem fesselndes Spiel, und da ich zwischenzeitlich arbeitslos geworden war, hatten wir beide leider extrem viel Zeit dieses Spiel zu spielen. Daria befand sich gerade am Ende Ihrer Mutterschaftszeit, war aber mittlerweile von mir schwanger, insofern hatte sie auch ohne Ende Zeit.

Wir erstellten uns beide Charaktere im Spiel, machten unsere ersten virtuellen Schritte und waren begeistert. Wir hatten hier beide eine Möglichkeit gefunden, unseren drögen und manchmal auch tristen Alltag, gerade aufgrund meiner Arbeitslosigkeit und dem damit verbundenen finanziellen Engpass, zu vergessen bzw. zu verdrängen und fingen an, unsere Leistungsfähigkeit und Willen zu arbeiten innerhalb des Spiels auszuleben. Natürlich waren wir mit dieser Einstellung recht erfolgreich, auch wenn sich unsere Spielweise grundsätzlich unterschied. Daria war in dieser Hinsicht eher die konsequentere, die ihren anfangs erstellten Charakter erst mal bis fast zum Maximallevel spielte und erst dann einen zweiten anfing. Ich hingegen hatte mich anfangs für einen Druiden entschieden, wollte aber wissen, ob ich vielleicht mit anderen Klassen besser spielen konnte oder zurecht kam und auch, welche anderen Fähigkeiten die anderen Archetypen hatten. So fing ich an insgesamt acht Charaktere gleichzeitig zu spielen, was dazu führte, dass ich natürlich noch keine meiner „Figuren“ auf dem damals möglichen Maximallevel von 60 hatte, während Daria schon über zwei 60er verfügte. Aber ich greife schon viel zu weit vor.

Eins kann man mit absoluter Gewissheit über WoW sagen: Es ist ausgeklügelt designed von Beginn an. Es ist absolut darauf ausgerichtet, den Spieler möglichst lange zu fesseln und im Spiel zu halten. Dies hat bei uns auch wunderbar funktioniert. Das reale Leben trat immer mehr in den Hintergrund, es wurde nur noch das Nötigste getan, sowohl im Haushalt als auch sonst und selbst in der Zeit, in der wir nicht vor dem

Rechner saßen und spielten, unterhielten wir uns über das Spiel und bestimmte Quests[16] oder „Probleme", die wir im Spiel hatten. Kurz nachdem wir angefangen hatten, begann auch mein Bruder Thomas das Spiel zu spielen. Er ging damals noch aufs Gymnasium – ich glaube 10. oder 11. Klasse. Demzufolge hatte er auch entsprechend viel Zeit und wir trafen uns oft innerhalb des Spiels, um gemeinsam zu spielen.
Die Priorität, die wir dem Spiel gaben, wurde immer höher, so dass ich, um ehrlich zu sein, gar nicht mehr nach einer Arbeitsstelle suchte, weil eine Arbeitsstelle automatisch bedeutet hätte, dass ich nicht mehr hätte spielen können.
Wir spielten und spielten und kämpften uns nacheinander durch die unterschiedlichen Spiele, die WoW zu bieten hatte und die allesamt wunderschön gestaltet waren, so dass man in jedem neuen Gebiet den Drang verspürte alles zu erkunden und Quests zu absolvieren. Richtig heftig wurde es aber, nachdem wir beschlossen hatten, eine Gilde zu gründen. Die Gründung als solche war ja schnell erledigt, man musste lediglich zu einem der NPCs[17] in den Hauptstädten gehen, sich ein Gildenwappen aussuchen und einen Namen ausdenken und, sofern es den Namen noch nicht gab, war die Gilde eröffnet. Natürlich wusste niemand von unserer neuen Gilde und außer dem zweiten Schriftzug über dem Kopf unserer Chars[18], mit dem Namen der Gilde und dem Wappen, welches wir dann auch stolz trugen[19], war nach außen hin keine Änderung ersichtlich. Also machten wir Werbung. Ja richtig: Werbung. Wir annoncierten über die diversen Chat-Kanäle unsere neu gegründete Gilde und propagierten unsere Ziele: Wir wollten eine Spielgemeinschaft ohne Zwänge, wir wollten Spaß und wir wollten Leute, mit denen man gut und nett zusammen spielen konnte. Es meldeten

---

[16] *Eine Aufgabe im Spiel, die es zu erfüllen gilt. Für das erfolgreiche Abschließen erhält man eine virutelle Belohnung*

[17] *NPC = Non Player Character, also eine computergesteuerte Spielfigur, die bestimmte Aufgaben / Dienste bereitstellt.*

[18] *Man sieht seine Figur aus der 3. Person Perspektive, also von hinten. Über dem Kopf des Charakters „schwebt" der Charaktername, so daß auch für andere Spieler der Name erkennbar ist.*

[19] *Das Wappen ist auf einem sog. Wappenrock angebracht, welchen man der Spielfigur anziehen kann, dann ist das Wappen auch für andere Spieler sichtbar.*

sich zahlreiche Leute und ich hätte nie mit einem solchen Ansturm gerechnet. Es gab zwar schon einige Gilden auf dem Server, auf dem wir spielten, dies waren aber fast ausnahmslos entweder absolute „Hardcore-Gilden" denen nur der Erfolg im Spiel wichtig war und die solche Sachen wie Anwesenheitspflichten und eine bestimmte Minimum-Ausstattung oder einen minimal Level verlangten. Da wir einen ganz anderen Ansatz verfolgten und im Fokus hatten, wandten sich viele - vor allem Neue – Spieler unserer Gilde zu. Im weiteren Verlauf des Gildenlebens stellten wir fest, dass man niemals unterschätzen sollte, wie viele Begehrlichkeiten, Antipathien, Sympathien, Liebschaften usw. eine Gruppierung von mehreren Menschen hervorbringt. Natürlich waren in der Gilde nur Spielfiguren, anders wäre es ja auch nicht möglich gewesen. Aber hinter jeder dieser Figuren steckte natürlich ein Mensch – und kein Mensch ist ohne Wünsche und Vorstellungen. Es all diesen Menschen recht zu machen, ist bestenfalls schwierig, in den meisten Fällen aber schlicht unmöglich. Hier kam also echte „Arbeit" auf uns zu. Das Problem an der Sache für mich war, dass ich mich als Gründer der Gilde und damit Anführer, das Gefühl hatte, für alles verantwortlich zu sein. Bei vielen Mitgliedern trat nach einer gewissen Zeit eine typische „Komsum-Erwartungshaltung" hervor, d.h., sie wollten einfach von der Gildenleitung oder den anderen Mitgliedern etwas „geboten bekommen". Fairerweise muss man aber auch die Leute erwähnen, die selbst aktiv geworden sind, Anregungen gemacht haben und sich auch in die Verwaltung der Gilde eingebracht haben.

Es war also angesagt, möglichst regelmäßige Events, also z.B. Raid[20]s, Gemeinsames questen oder Instanzbesuche[21] zu terminieren und vor

[20] *Vom englischen „to raid" = überfallen, plündern. Das Besuchen einer Instanz oder einer feindlichen Stadt mit einer Gruppe mit bis zu 40 Spielern.*

[21] *Instanz ist eine Abk. für „instanzierter Bereich", das bedeutet ein eigenständiger Bereich innerhalb des Spiels, der nur für die Mitglieder der gleichen Gruppe zugänglich ist und nur für diese Gruppe erstellt wird. Nach Verlassen des Bereichs durch die komplette Gruppe wird die Instanz gelöscht. Es können mehrer Instanzen gleichzeitig bestehen, so daß z.B. zwei Gruppen sich in einer jeweils eigenen Kopie eines bestimmten Gebiets befinden, sich aber nicht sehen oder stören können. Instanzierung wird entweder zur Lastverteilung auf Servern verwendet oder um das Kollidieren mehrerer Gruppen zu vermeiden.*

allem auch mit den Mitgliedern abzustimmen. Da es sich als schwierig herausstellte, jeden einzeln anzusprechen, kam mir damals ein Addon[22] gerade recht, welches eine Art Kalender bot für alle, die es sich installiert hatten. Und schon waren wir bei der nächsten Hürde: Es gab Leute, die den Addons nicht vertrauten, es gab Leute, die nicht in der Lage waren, sie zu installieren, es gab Leute, die einfach zu faul waren und alles vorgekaut haben wollten. Also nutze ich ein Verteilungstool, schrieb ein Script dafür, welches das vorkonfigurierte Addon korrekt installierte, erstellte eine Homepage für die Gilde – volles Programm, also Forum, Newsbereich, Umfragen, Terminkalender, Downloads etc. - und lud das Programm dort hoch. Glücklicherweise hatten wir eine liebe Grafikerin in der Gilde, die eine von denen war, die sich tatsächlich für die Gilde und uns interessierten und uns an allen Ecken und Enden unterstützte. Sie erstellte auch einige Grafiken für die Gildenseite. Ich teilte allen mit, wo sie das Tool finden konnten, wofür es sei und wie sie es benutzen konnten. Die Arbeit schien sich gelohnt zu haben, da ich positiv überrascht war, wie viele das Programm tatsächlich benutzten. Ich war überzeugt, dass sich das „Mehr“ an initialer Arbeit bezahlt machen würde, sobald irgendwann ein anderes nützliches Addon dazu kommen würde. Oder spätestens bei einem der Spielpatches, da bei diesen Gelegenheiten die Blizzard-Server immer vollkommen überlastet waren und ich unseren Gildenmitgliedern den Download auf meinem Server bereitstellen konnte. Nach und nach intensivierten sich die Verwaltungsarbeit und die Betreuung der Mitglieder der Gilde, so dass ich kaum noch selbst zum Spielen kam. Nach mehreren Wochen wurde die »Arbeit« so viel, dass man tatsächlich von Arbeit sprechen konnte und ich nach einem Tag des Organisierens, des Streit-Schlichtens und des Event-Vorbereitens tatsächlich keine Lust mehr hatte selbst zu spielen. Ich war einfach müde und abgearbeitet. Hätte ich zu dieser Zeit nicht, bedingt durch meine damalige Arbeits-

---

[22] Meistens frei verfügbare von Spielern programmierte Zusatz-Module, die das Grundspiel um zusätzliche Funktionalitäten erweitern oder bestehende Funktionen vereinfachen.

losigkeit, so viel Zeit gehabt, ich hätte das alles gar nicht bewältigen können.
Die Gilde erreichte schließlich einen Punkt, an dem die Mitglieder sich wünschten in höhere Instanzen zu gehen (damals war Level 60 das Maximum) und schon offenbarte sich mein Problem: Ich war in der Vergangenheit so damit beschäftigt, die Gilde zu führen, dass ich keinen Charakter hatte, der in der Lage gewesen wäre, mit den Mitgliedern diese Instanzen zu besuchen. Außerdem kannte ich aufgrund dieses Umstandes auch die entsprechenden Instanzen nicht, so dass ich noch nicht einmal entsprechende Events planen konnte. Dies führte dann zu Unzufriedenheit unter den Mitspielern, die sich nicht darüber klar waren, warum ich keinen entsprechenden Charakter vorweisen konnte. Komischerweise sah sich aber auch keines der anderen Gildenmitglieder in der Lage, solche Events zu planen. Hier greift wohl die bereits erwähnte Konsumhaltung der Menschen wieder. Die Abwanderung aus der Gilde begann. Viele Spieler wechselten aus dieser Unzufriedenheit heraus zu anderen, größeren Gilden um dort Ihre Ziele innerhalb des Spiels umsetzen zu können. Auf dem Zenit hatte unsere Gilde 170 Mitglieder, eine Woche nach Beginn der Unzufriedenheitswelle bestand sie noch aus ca. 15 Mitgliedern. Letztendlich löste ich die Gilde auf, frustriert davon, dass kaum jemand während der gesamten Existenzzeit bemerkt zu haben schien, wie viel Herzblut und Mühe ich hineingesteckt hatte.

11.4 Überdosis

Natürlich bedeutete das Ende der Gilde nicht das Ende des Spielens für Daria und mich, allerdings änderte sich vieles. Wir waren es gewohnt, immer mit denselben Leuten zusammen zu spielen, von denen man wusste, wie sie spielen, wie sie in manchen Situationen reagieren und welche Stärken und Schwächen sie haben. Nachdem wir nun mehr oder weniger allein da standen, waren wir für Instanzbesuche oder schwierige Quests auf Random-Gruppen[23] angewiesen. Anfangs verspürten wir das Bedürfnis, wieder in einer Gildengemeinschaft heimisch zu werden. Dies gestaltete sich jedoch sehr schwierig, da natürlich nichts so war, wie in unserer ehemaligen, eigenen Gilde. Am Besten nachvollziehbar ist dieser Umstand wohl für alle, die schon einmal selbstständig waren: Es ist schwer, danach andere Strukturen und Vorgänge zu akzeptieren, speziell, wenn man selbst vieles anders machen würde oder gemacht hat.

Aufgrund dieser immer wieder auftretenden Unzufriedenheit hielt ich es nie lange in einer Gilde aus und spielte die meiste Zeit allein. Unabhängig davon, ob ich gerade in einer war oder nicht. Diese Phase begründete meine erste Abstinenz von WoW. Ich kündigte frustriert meinen Account und wandte mich zuerst einigen Singleplayer-Spielen zu. Leider hatte die Droge World of Warcraft jedoch bewirkt, dass mir die sozialen Strukturen und die Kommunikation mit anderen Spielern sehr bald fehlten. Da ich aber nicht zurück wollte, suchte ich nach Alternativen.

Ich stieß auf City of Heroes, von welchem ich gewohnheitsmäßig auch direkt zwei Exemplare kaufte, eines für Daria, eines für mich. Bis dato hatte Daria unermüdlich weiter World of Warcraft gespielt. Ich bewunderte, dass sie sich scheinbar von diesen ganzen Wirrungen nicht vom Spielen abhalten ließ.

Als CoH ankam - ich hatte es bei Amazon bestellt - installierten wir es beide und fanden es natürlich, da es ja neu war, erst mal richtig spitze.

---

[23] *Zufällige Zusammenstellung von Mitspielern für eine Gruppe, meistens wesentlich weniger effizient als dauernd zusammen spielende Gruppen*

Wir genossen es beide, endlich mal etwas anderes spielen zu können und uns nicht mit dem ganzen Fantasy-Kram beschäftigen zu »müssen«. So ganz von WoW ablassen konnte Daria aber nie, ihr Account war in dieser Zeit nie deaktiviert und sie spielte immer mal zwischendurch, was natürlich dazu führte, dass Ihre Charaktere auch dort weiter levelten. Zu diesem Zeitpunkt war mir das ziemlich egal, da ich meiner Meinung ja mit World of Warcraft abgeschlossen hatte. Ich wusste noch nicht, dass ich das in Zukunft noch mehr als einmal glauben sollte. Erst einmal war es aber leider alles andere als endgültig: Nach ungefähr drei Wochen aktivierte ich meinen WoW-Account wieder. Das Kuriose dabei war, dass ich mich keineswegs schlecht dabei fühlte. Ganz im Gegenteil, ich hatte das Gefühl wieder »nach Hause« zu kommen.

Die Ursache für die Abwendung von CoH klingt ein wenig paradox. CoH hat - wie auch in der Spielvorstellung nachzulesen ist - sehr wenige der Mechanismen, die eine Sucht hervorrufen. Man spielt also eher mal ein Stündchen und kann dann wieder aufhören, ohne das Gefühl zu haben etwas zu verpassen. Natürlich greift dort gegebenenfalls auch der »Gruppenzwang«, wenn man Mitglied einer Gruppe von Spielern ist. Der wichtigste Suchtfaktor von WoW wird in CoH aber fast gar nicht bedient: der menschliche Sammeltrieb. Rückblickend kann ich sagen, dass gerade das Fehlen dieses Elements mich dazu gebracht hat, wieder zu WoW und den von dort gewohnten »Drogen« zurückzukehren.

Dieser Prozess fand in den folgenden Jahren noch häufiger statt, ab und zu mit neuen Spielen, manchmal wurden auch bereits gespielte Spiele wie CoH nochmal gespielt. Die Pausen von WoW wurden immer wieder beendet, jedoch wurden sie immer länger. Daria kehrte World of Warcraft nur ein einziges Mal mit CoH den Rücken, und auch nur teilweise, da sie weiterhin parallel ihren WoW-Account spielte. Dieser Umstand brachte uns innerhalb des Spiels immer weiter auseinander und wir konnten immer weniger zusammen unternehmen. Letztlich lief es darauf hinaus, dass wir beide für uns allein spielten oder mit unterschiedlichen Gruppen. Also war unser fast einziges gemeinsames Gesprächsthema zumindest zu einem großen Teil keines mehr. Natürlich sprachen wir nach wie vor über das Spiel, allerdings passierte es immer häufiger, dass Daria irgendwelche Instanzen besucht hatte, die ich noch nicht mal kannte und wir beide mit Menschen gespielt hatten, die der jeweils andere auch nicht kannte, wobei sich »kennen« hier selbstverständlich auf den Online-Kontext bezieht.

Dummerweise merkte ich während der Phasen, in denen ich kein WoW spielte, nicht, dass ich mehr Zeit für das reale Leben hatte. Dass meine Stieftochter sich freute, wenn ich mich mal mit ihr beschäftigte, fiel mir nicht auf. Das Einzige, was ich bemerkte war, dass mir etwas fehlte. Ich sah Daria WoW spielen und fühlte mich ausgeschlossen, da ich nicht mehr in der Lage war mitzureden. Also war der logische Gedanke für mich, dass mir das WoW-Spielen fehlte. Ein schwerwiegender Denkfehler, jedoch fühlte ich mich sofort wohler, wenn ich den Account nach einer solcher Pausen wieder aktivierte. Wir spielten also beide weiterhin WoW und leider hatten wir beide eben auch die Zeit dafür, da ich nach wie vor arbeitslos war und Daria sich immer noch im Erziehungsurlaub unseres gemeinsamen Sohnes befand.

11.5 Der Super-GAU

Mit der Zeit merkte ich, dass irgendwas nicht stimmte. Der Alltag bestand für uns beide nur noch aus World of Warcraft, alles Andere wurde drum herum organisiert, sogar die beiden Kinder. Irgendwie gelang es WoW, uns dazu zu bringen, allem Anderen eine geringere Priorität zuzuordnen. Natürlich wurde das Notwendigste getan, aber halt wirklich nur das und keinen Handschlag mehr. Daran lag es auch, dass selbst Monate nach unserem Umzug immer noch geschätzte 80% der Kartons nicht ausgepackt waren. Ich verlor langsam aber sicher die Lust an WoW und ein unwahrscheinlicher Frust baute sich in mir auf, weil ich beziehungsweise wir es nicht hinbekamen, ein normales Leben zu führen. Das Spielpensum meiner Frau steigerte sich in meinen Augen drastisch. Oft saß sie die ganze Nacht vor dem Rechner und spielte, während ich schon ins Bett gegangen war. Während dieser intensiven Spielphase entschloss sich Daria, innerhalb des Spiels die Fraktion zu wechseln und auf der »anderen Seite« einen neuen Charakter anzufangen. Da es in WoW so ist, dass Spieler unterschiedlicher Fraktionen nicht gemeinsam spielen können, verstärkte das unsere gegenseitige Isolation nur noch. Ich verstand diesen Schritt damals nicht, hatte aber selbst keine Lust, alle meine Errungenschaften und vor allem die investierte Zeit zu ignorieren und nochmal ganz von vorne anzufangen. Also spielten wir beide auf unterschiedlichen, verfeindeten Seiten, waren natürlich auch deswegen in verschiedenen Gilden und auf verschiedenen Teamspeak-Servern[24] und hatten auch mit komplett getrennten Personenkreisen zu tun. Irgendwann bekam ich durch Zufall mit, dass Daria eine virtuelle Liebelei innerhalb WoW's begonnen hatte mit einem Mitspieler. Im Nachhinein erklärte das auch ihr geradezu exzessives Spielverhalten in den vorherigen Wochen. Sie war nicht nur so lange aufgeblieben, um zu spielen, sondern auch, um ungestört ihrem »Freund« sprechen zu können. Diese erste Liebelei ging wohl recht bald wieder zu Ende, jedoch fand sich

---

[24] *Eine Plattform zur Kommunikation mittels Sprache über das Internet, wird i.d.R. mit Hilfe eines Headsets betrieben, dies erlaubt eine schnellere und effizientere Kommunikation der Spieler als über den normalen Spiel-Chat.*

relativ schnell ein Ersatz. Dies erfuhr ich aber erst kurz vor unserer Trennung.
Ein paar Wochen später wollte Daria zum Geburtstag ihrer Schwester fahren. Da wir aufgrund von Hartz IV und dem damit verbundenen, chronischen Geldmangel kein Auto mehr hatten, wollte sie mit dem Zug fahren. Auf mein Nachfragen hin, wann wir denn fahren würden, bot sie mir großzügig an, dass sie doch mit den Kindern allein fahren könne, damit ich auch mal Ruhe hätte und mich erholen könne. Ich war zwar etwas verwundert, allerdings reizte mich die Aussicht auf eine einwöchige Ruhezeit und so stimmte ich zu. Ich organisierte ihr die Fahrkarten und zwei Tage später fuhr sie mit beiden Kindern los.
Das Gleiche geschah dann noch einmal beim Geburtstag ihres Vaters, circa einen Monat später. Da ich zu ihrem Vater nie ein gutes Verhältnis hatte, fiel mir der Entschluss noch leichter als beim ersten Mal. Als sie dann von dem diesmal zweiwöchigen Besuch ihres Vaters zurückkam, führten wir erneut eines unserer häufigen Streitgespräche über die Zukunft unserer Beziehung und Familie. Im Verlauf dieses Gesprächs eröffnete mir Daria dann, dass sie sich in jemand anderen verliebt habe und nach einigem Bohren meinerseits dann auch, dass sie sich mit demjenigen auch bereits getroffen habe. Als Krönung sagte sie mir dann auch noch, dass sie bereits mit dem »Neuen« geschlafen habe. Natürlich war dies alles während ihrer zwei »Urlaube« bei ihrer Schwester und ihrem Vater passiert. Der im Titel bereits angekündigte Super-GAU war dann, dass sie auch noch von dem Anderen schwanger war. In Deutschland heißt das leider, dass das erwartete Kind vor dem Gesetz als unser gemeinsames gilt, solange nicht das Gegenteil bewiesen und die Vaterschaft von meiner Seite aus angefochten wird.
Die Trennung war natürlich jetzt beschlossene Sache und so kam es dann auch, dass wir uns einen Monat später trennten und sie auszog. Sie lebt heute mit ihrem Partner von damals und drei Kindern von unterschiedlichen Vätern zusammen. Wir haben noch losen Kontakt dann und wann, hauptsächlich wegen der Kinder.

Nachdem nun meine Ehe gescheitert war, ich im Grunde genommen in einem Müllhaufen lebte und ich ganz allein da hockte, hatte ich das Bedürfnis, mich von all dem abzulenken. Dreimal dürfen Sie raten womit: Online-Spiele und speziell World of Warcraft. Es war natürlich ein Leichtes, den Account wieder zu aktivieren und weiter zu spielen. Ich hatte aufgrund der andauernden Arbeitslosigkeit ja auch immer noch sehr viel Zeit. Zudem kam es mir natürlich gerade recht, dass WoW so viel Zeit konsumierte und mir war es auch egal, dass es meine Prioritäten verschob. Hauptsache, ich war abgelenkt von den Ruinen meines Lebens und dem Glauben, dies alles auch noch verschuldet zu haben. Ich beschäftigte mich in der Folge mit den meisten der in diesem Buch beschriebenen Spiele und spielte sie mal mehr, mal weniger. Teilweise hatte ich bis zu drei Spiele gleichzeitig abonniert. Da außer mir ja niemand mehr da war, reichte Hartz IV auch dafür; ich ging nicht weg und gab auch sonst kaum Geld aus, außer für das Notwendigste. Wichtig war mir in dieser Zeit nur die Flucht aus der Realität - und damit war ich über diese 2,5 Jahre erfolgreich.

11.6 Die Entsagung

WoW nahm bei dem Ganzen eine Sonderrolle ein, da ich wenig Probleme hatte, mit anderen Spielen wieder aufzuhören, World of Warcraft hingegen bewirkte immer wieder, dass ich von Zeit zu Zeit meinen Account erneut aktivierte. Ich nahm mir zwar unregelmäßig mehr oder weniger große Pausen von WoW, kurioserweise kam ich aber dauernd zu WoW zurück. Es dauerte sehr lange, bis ich mich wieder zu etwas anderem als WoW aufraffte, und damit meine ich nicht andere Spiele. In mir reifte einfach die Erkenntnis, dass alles, was ich mir virtuell so mühevoll und langwierig erarbeitet habe, von einem Moment auf den anderen weg wäre, wenn das Spiel vom Hersteller »eingestampft« wird. Ich fragte mich also: »Was habe ich davon im Endeffekt? Ich habe eine Menge Zeit und Geld verbraten um etwas Virtuelles zu erreichen, was eigentlich keinerlei Bedeutung hat.« Dabei wurde mir eben auch das Offensichtliche bewusst: Wenn ich die Zeit, die ich bisher in Online-Spiele gesteckt habe, jetzt in mein reales Leben investieren würde, würde mich das sicherlich weiterbringen, als sie weiterhin in ein Spiel zu stecken. Es klingt für Außenstehende sicher lächerlich, dass ich für so eine Erkenntnis so lange gebraucht habe.

Natürlich war der Ausstieg aus WoW nicht so schnell geschehen, wie es in diesen paar Zeilen vielleicht aussehen mag. Entscheidend für mich waren aber weder die Versuche von Angehörigen noch von Freunden, mich davon zu überzeugen, dass ich süchtig war, sondern lediglich meine eigene Erkenntnis der Situation, in die ich mich selbst gebracht hatte.

Ich habe festgestellt, dass es einen ungeheuren Unterschied macht, ob man einen Beruf ausübt oder nicht. Als ich wieder Arbeit gefunden hatte, waren auch meine Gedanken an WoW oder andere Spiele weitgehend verschwunden. Ich hatte schlicht und ergreifend keine Zeit und Lust mehr, wenn ich müde und geschafft von der Arbeit kam. In der wenigen Freizeit, die man dann wochenends mal hat, möchte man dann eben auch mal andere Sachen machen.

Sehr geholfen hat mir im Endstadium meiner »Entsagungs-Kur« meine neue Lebensgefährtin (neudeutsch auch »LAG[25]« genannt), die mit ihrer teils negativen, teils ablehnenden Haltung gegenüber Computern im Allgemeinen mich ein wenig in die »richtige« Richtung gezwungen hat. Dafür möchte ich mich an dieser Stelle auch noch mal bei ihr bedanken, selbst wenn sie es oft ein wenig zu eng sieht.

---

[25] *Wortspiel: Lag bedeutet u.a. eine ungewollte technische Verzögerung in der Datenkommunikation eines Online-Spiels. Hier ist damit jedoch Lebensabschnittsgefährte gemeint.*

12 Schlusswort

Abschließend möchte ich noch sagen, dass ich es als sehr erschreckend empfand, wie sehr mein Leben in allen Belangen von diesen Online-Spielen bestimmt wurde. Die massivste Auswirkung hatte zweifelsohne World of Warcraft. Ich kann nur jedem, der sich mit dem Gedanken trägt, ein Online-Spiel zu spielen, empfehlen, sich selbst zu fragen, ob er es sich zutraut, sich selbst so weit zu disziplinieren, dass sein Alltag nicht von dieser Freizeitbeschäftigung bestimmt wird. Vor allem sollte man die Wirksamkeit der eingebauten Mechanismen und Suchtfaktoren nicht unterschätzen.

Bei all diesen Berichten darf man aber auch nie vergessen, dass nicht das Spiel der »Übeltäter« ist, sondern derjenige, der es spielt. Das Spiel stellt lediglich die Möglichkeiten bereit und ist schlimmstenfalls der Auslöser.

Sollte ein Angehöriger oder Freund, oder aber sogar Sie selbst, bereits einem Spiel »verfallen« sein, so kann ich nur empfehlen eine professionelle Beratung in Anspruch zu nehmen, da es nicht jeder aus eigener Kraft schafft, sich von diesen Suchtmitteln loszusagen. Man sollte nie vergessen, dass man es hier tatsächlich mit einer Sucht zu tun haben kann, ähnlich dem Alkoholismus oder der Medikamentenabhängigkeit.
Ich wünsche allen, die es ehrlich versuchen, davon loszukommen, viel Erfolg und die Einsicht, dass das Leben aus mehr besteht als Pixeln und virtuellen Erfolgen.